Petite Bibliothèque de la Ligue des Patriotes
II

Plus nous avons horreur de la guerre, plus nous devons travailler passionnément à en empêcher le retour, plus nous devons souhaiter vouloir que la paix nous apporte, avec la restitution totale de nos provinces envahies, — envahies depuis hier ou envahies depuis quarante-six ans, — la réparation des droits violés aux dépens de la France ou de ses alliés et les garanties nécessaires à la sauvegarde définitive de notre indépendance nationale.

(Discours de M. Poincaré, Président de la République, 14 juillet 1916).

Jusqu'au bout
L'après-guerre

par

M. l'Abbé WETTERLÉ

Avec une Préface de

M. Maurice BARRÈS
DE L'ACADÉMIE FRANÇAISE

LIBRAIRIE
DE LA SOCIÉTÉ DU
RECUEIL SIREY
Anne Mson Larose et Forcel
LEON TENIN, Directeur
22, Rue Soufflot, PARIS-5e

1916

Jusqu'au bout

L'après-guerre

Photo BRAUN & Cie

ABBÉ WETTERLÉ.

Petite Bibliothèque de la Ligue des Patriotes
II

Plus nous avons horreur de la guerre, plus nous devons travailler passionnément à en empêcher le retour, plus nous devons souhaiter vouloir que la paix nous apporte, avec la restitution totale de nos provinces envahies, — envahies depuis hier ou envahies depuis quarante-six ans, — la réparation des droits violés aux dépens de la France ou de ses alliés et les garanties nécessaires à la sauvegarde définitive de notre indépendance nationale.

*(Discours de M. Poincaré,
Président de la République,
14 juillet 1916).*

Jusqu'au bout
L'après-guerre

par

M. l'Abbé WETTERLÉ

Avec une Préface de

M. Maurice BARRÈS
DE L'ACADÉMIE FRANÇAISE

LIBRAIRIE
DE LA SOCIÉTÉ DU
RECUEIL SIREY
Anne Mson Larose et Forcel
LEON TENIN, Directeur
22, Rue Soufflot, PARIS-5e

1916

Bordeaux, imprimerie Y. Cadoret, 17, rue Poquelin-Molière.

PRÉFACE

Voici le second ouvrage édité sous les auspices de la Ligue des Patriotes. Ou plutôt voici le premier chapitre d'un ouvrage que nous écrivons tous en commun et dont le bâtonnier Chenu a tracé la préface. Le défenseur de Paul Déroulède a écrit : « Qu'est-ce que la Ligue ? » Le défenseur de l'Alsace ajoute : « Qu'est-ce que l'Allemagne ? »

L'Allemagne est telle qu'il faut mener la guerre « *jusqu'au bout* ». C'est le titre du premier essai qu'on va lire. Et telle encore que, même vaincue, elle se redressera, si nous ne prenons pas des mesures « d'*après guerre* ». C'est le second essai.

Nul besoin de présenter à personne Wetterlé. C'est un héros français, profondément aimé et respecté à travers tout le pays, comme on l'a bien vu lorsqu'il a fait cette année, tout d'une affilée, une centaine de conférences en province. On l'acclamait avant même de l'avoir entendu.

Nul Français ne connaît mieux que celui-ci nos ennemis héréditaires.

Le pangermanisme et l'état d'esprit pangermaniste sont, dit-il, l'ouvrage de la Prusse qui a associé les autres pays allemands à ses folles ambitions et a intoxiqué toute la Confédération. Le jour où l'Allemagne sera vaincue, les États du Sud demanderont eux-mêmes à être délivrés du joug prussien. Quant à la Prusse, elle est, de tous les États allemands, le mieux préparé pour une révolution intérieure, parce qu'elle est sous la domination des hobereaux qui seront odieux au pays si la guerre aboutit pour eux à un échec et surtout à un désastre. Il faut donc abattre la Prusse qui est l'auteur de tous nos maux et qui s'apprêterait à recommencer demain si elle n'était pas définitivement écrasée. Lui faire grâce serait une folie, et nos morts sortiraient de leurs tombes pour nous maudire.

Ainsi Wetterlé prouve qu'il faut aller jusqu'au bout. Et quand il l'a prouvé, il recommence à le prouver encore. Tel le vieux patriote Caton avec son *Delenda.*

L'Allemagne, dit-il, et c'est la seconde partie de ce petit livre, a fait la guerre parce que tout son système économique était hypothéqué sur la prévision d'une guerre heureuse et foudroyante. Ce but n'a pas été atteint : mais aujourd'hui encore, tout est préparé en Allemagne pour recommencer, au lendemain de la paix, une guerre économique que nous ne serons pas en état de soutenir. Pour aborder cette lutte, il faut nous tenir prêts. Wetterlé passe en revue les opérations de banque, les associations de commerçants, les procédés du commerce, l'appui intelligent que prêtaient aux efforts individuels toutes les administrations allemandes. Il est essentiel de secouer de vieilles routines. L'écrivain patriote conclut en demandant au législateur des mesures de précaution contre l'invasion des Allemands sur notre sol, dans nos sociétés, nos industries, nos mines.

En regard de ces paroles de l'Alsacien, je veux mettre une déclaration d'un Lorrain qui, lui aussi, a la dure expérience de la brutalité allemande. Ces deux voix se confirment. Écoutez ce qu'écrit, dans un recueil de législation (1) et de jurisprudence, M. Charles Vuillaume, président des Patriotes de la Moselle :

« Il n'est pas besoin de signaler le danger d'un examen prématuré « des garanties à exiger pour l'établis- » sement d'une paix durable » ; l'heure n'est pas venue d'une telle discussion; quand elle sonnera, ceux qui auront voix au chapitre, ce ne sont ni les trois tristes pèlerins de Kienthal ni les hommes des Congrès socialistes ou autres, mais bien les combattants qui se font tuer pour la nation, mais bien les braves gens qui souffrent, qui peinent, qui luttent. Dans la zone avancée et retentissante du territoire où, depuis deux ans, à chaque heure du jour et de la nuit, se célèbre sans interruption, au bruit de la mitraille, le grand office de la guerre, dans cette étendue de douleur et de dévastation, on est mieux fixé que partout ailleurs sur le but de la guerre. Là on sait qu'arrêter la guerre aujourd'hui, sans rogner les ongles de la bête, ce

---

(1) *La revue hypothécaire* (juillet-août 1916), 23, rue des Fossés-Saint-Jacques, Paris.

serait livrer à sa haine sanglante les générations futures; là on demande à être protégé contre de nouvelles invasions, contre de nouveaux pillages, contre de nouveaux assassinats des voisins d'Outre-Rhin. .

» Tous les Français sont unanimes à vouloir une paix durable; ils doivent, par suite, être unanimes à vouloir la France grande, libre et forte; et la France ainsi faite, c'est celle de 1794, celle qui avait réalisé l'idéal que la monarchie avait en vain poursuivi, sept siècles durant, la France qui avait pour frontière naturelle le Rhin... »

Fernand Engerand, dans le tome III de notre collection, va préciser encore les nécessités françaises. Il faut balayer par la raison claire l'atmosphère d'indulgence que des intrigues plus que suspectes essaient de créer en faveur de l'Allemagne. Le second article du programme de la Ligue, on le connaît : c'est « la reprise de l'Alsace et de la Lorraine et leur réintégration dans la patrie française : cette œuvre devant s'étendre jusqu'à la restauration de la tradition française dans les pays rhénans ». Et nous avons mis cette collection sous le vocable du Chef de l'État qui veut que la paix nous apporte « les garanties nécessaires à la sauvegarde définitive de notre indépendance nationale ».

Maurice Barrès.

Jusqu'au bout

Mesdames, Messieurs,

Que de fois depuis le commencement de la guerre ne m'a-t-on pas posé la question suivante :

— Vous doutiez-vous que les Allemands fussent capables de commettre tant d'atrocités? Connaissiez-vous leur mentalité barbare?

Je répondais toujours :

— Je les savais décidés à tout pour obtenir cette domination universelle, dont on berçait leur imagination et leurs convoitises depuis tant d'années, mais si je les croyais capables de barbarie comme de mensonges, de cruauté comme de fourberie, j'avoue qu'ils ont encore dépassé de beaucoup la mesure que pourtant je leur avais faite très large.

Que le Prussien ne dût montrer aucun ménagement vis-à-vis des peuples qu'il voulait terroriser pour mieux les asservir, cela n'était pas fait pour surprendre ceux qui avaient vécu, pendant quarante-quatre ans, sous la botte des hommes du Nord ; mais que Bavarois et Saxons, Viennois et Tyroliens pussent égaler et même dépasser en sauvagerie les Brandebourgeois et les Poméraniens, voilà qui était bien fait pour déconcerter même les Alsaciens-Lorrains.

Nous étions, en effet, habitués jadis, dans les provinces annexées, à distinguer entre la raideur et la suffisance prussiennes d'un côté, la bonhomie un peu grossière, mais cependant souriante des Sudistes de l'autre, et nous pensions surtout que l'Autrichien, bon enfant, ami du plaisir, toujours prêt à valser, serait incapable de verser le sang sans une nécessité absolue.

Quoi qu'on en dise, il y avait autrefois deux Allemagnes : l'une raide, compassée, sévère pour elle-même et dure aux autres; l'autre, rieuse, buveuse, aimant la grosse farce, bonassement accueillante à l'étranger. A Berlin, à Hambourg, à Kœnigsberg, on avait l'impression physique de se trouver au milieu d'un peuple de pirates et de naufrageurs; mais à Vienne et à Munich, il semblait qu'on vécût dans un milieu gai, amène, où les mœurs étaient très douces et les gens très avenants.

Bien mieux, ce n'était pas de deux, mais de dix, de vingt Allemagnes qu'on était tenté de parler. Le Rhénan, riche de vieille date, fier, mais poli, un peu poseur, mais intelligent, d'aspect plus dégagé, de civilisation plus ancienne, ne ressemblait en rien au Bavarois, ventru, toujours attablé devant un cruchon de bière et une montagne de saucisses blanches, causeur abondant, mais sans finesse, d'ailleurs aimable à sa façon et pesamment artiste à ses heures. Il n'y avait aucun point de comparaison entre le Wurtemburgeois raisonneur, ironiste, démocrate, et le Mecklembourgeois moyenageux, attaché à ses privilèges comme le lierre l'est au chêne; entre le Saxon épris d'indépendance, ami du beau langage, léger de verbe comme d'action, et le Badois, âpre au gain, bassement envieux, toujours à l'affût d'une querelle, prêt à toutes les vilenies et à toutes les traîtrises pour augmenter sa richesse.

Bismarck avait été le Richelieu, un Richelieu casqué, botté, brutal, de cet amalgame de nationalités, qui n'avaient même pas une commune origine, et qui jadis se jalousaient et se détestaient cordialement.

Je dis bien qu'en Allemagne, contrairement à

ce que généralement on s'imagine, les races sont différentes. En effet, sur les bords du Rhin et dans l'Allemagne du Sud, la souche primitive, qui est incontestablement celtique, a su garder sa vitalité sous tous les greffons germaniques qui lui ont été imposés. Quand, il y a quelque cent vingt ans, les soldats des armées de la Première République occupèrent la Westphalie, le Wurtemberg et la Bavière, ils y furent reçus comme des libérateurs, presque comme des frères. Et longtemps après que l'épopée napoléonienne eut pris fin, le souvenir de la France resta très vivace dans ces pays, qui avaient pour la civilisation latine une inclination presque native.

Mes collègues de la province du Rhin m'ont souvent raconté qu'en 1864 encore leurs compatriotes nourrissaient pour la Prusse les sentiments les plus hostiles. C'est ainsi qu'à cette époque, quand un jeune conscrit partait pour l'armée, on disait couramment à Cologne : « Il va chez les Prussiens ». Par contre, les Rhénans parlaient avec fierté des années heureuses qu'ils avaient coulées sous la domination française, unissant leurs destinées à celles de la « belle France », car encore aujourd'hui la France est là-bas, bien qu'on mette à le reconnaître une pointe d'ironie : « la Grande Nation ».

A ce propos, vous me permettrez de citer un fait menu, mais caractéristique. Un de mes amis, qui, au cours de ses études en Allemagne, avait épousé une jeune fille des environs de Mayence, me communiquait, ces jours derniers, une lettre curieuse de sa belle-mère qui est restée dans son pays d'origine. Cette lettre était datée du mois de janvier 1916. J'y lus avec étonnement les phrases suivantes que je traduis textuellement : « Ici tout le monde est las de la guerre. On dit couramment : Nous avons déjà été Français une première fois, et nos pères nous ont assuré que sous la domination des Welches ils n'étaient pas malheureux. S'il fallait le redevenir, on s'y résignerait facilement ».

Singulier aveu, dont feront bien de se souvenir ceux qui, même au risque de compromettre la sécurité des générations futures de nos pays latins, ne veulent point imposer de force à des fractions du peuple allemand une nationalité qui, pour celles-ci, ne serait pas nouvelle.

N'oublions pas d'ailleurs qu'en 1815 la Prusse avait tellement conscience de l'opposition presque irréductible qui existait entre les Poméraniens et les Rhénans qu'elle refusa d'abord d'annexer l'ancien duché de Berg.

En effet, les hobereaux de l'Est, ces gardes du corps de la dynastie de proie des Hohenzollern, ne sont même pas des Allemands, mais des Slaves mâtinés de germanisme. Les chevaliers teutoniques n'étaient qu'une poignée de reîtres qui, rapidement, furent absorbés par les Wendes et les Masures dont se composait la grande masse de la population autochtone de la Prusse orientale.

Ici encore je vous rappellerai un souvenir personnel. Je me trouvais un jour dans la salle de séances du Reichstag, près du vice-président de la Chambre hessoise, un colosse aux yeux très bons et à la voix très chaude :

« Çà, des Allemands, me dit-il tout à coup en me désignant d'un geste dédaigneux les bancs sur lesquels siégeaient les conservateurs prussiens, allons donc ! ce sont des Slaves qui ont gardé tous leurs défauts en y ajoutant ceux des Germains ».

Un autre de mes collègues, l'avocat Lentzmann, démocrate de l'école d'Eugène Richter, me fit, en 1901, une confidence toute aussi intéressante :

« J'en suis venu, me dit-il, dans l'hémicycle de

la salle des séances, en me montrant également les bancs de la droite, à souhaiter que nous soyons battus sur les champs de bataille de la prochaine guerre, pour nous débarrasser de la domination de ces gens-là ! »

Voilà ce qu'était l'Allemagne, même au lendemain de la guerre de 1870, voilà ce qu'elle reste encore aujourd'hui, bien que les oppositions des nationalités aient une forte tendance à s'atténuer, surtout depuis l'arrivée au pouvoir du prince de Bulow, l'homme des pangermanistes.

Je vous le disais tout à l'heure, Bismarck, comme Richelieu, dut s'employer à briser les résistances des grands vassaux. Il le fit avec prudence. Très avisé, sous ses apparences rudes et rébarbatives, il savait que le Saint-Empire n'avait jamais eu qu'une existence précaire, indéterminée, que le premier essai de fusion, opéré en 1813, était resté sans lendemain ; que, dès 1815, une nouvelle rupture d'équilibre s'était produite entre les États allemands, que les princes n'avaient pas renoncé à leurs ambitions, que les petites cours se combattaient avec ardeur, que le parlement de 1848 n'avait pas réussi à entamer le particularisme intransigeant des groupements nationaux, que la guerre de 1866 avait laissé subsister et avait même augmenté les rivalités et les rancunes d'autrefois, et que, si les victoires remportées en commun en 1870 avaient créé une sorte de solidarité dans le crime entre tous les Allemands, ceux-ci n'en restaient pas moins attachés à leurs traditions et à leurs franchises locales.

Le premier chancelier de l'empire allemand s'appliqua donc à respecter, dans la mesure du possible, le particularisme des Sudistes. Il ne porta pas la main sur les droits réservés des États, il mit même une certaine coquetterie, tout en dotant l'empire d'un parlement issu du suffrage universel, à faire la part très large aux parlements particuliers, dont le droit de légiférer continuait à s'exercer dans la mesure la plus étendue.

De nombreuses raisons lui inspirèrent cette politique prudente. Entre le Nord et le Sud, il n'y avait pas seulement des antithèses de race, mais encore des oppositions de culture intellectuelle, de traditions politiques, de religion. Bismarck ne voulait pas que les opinions plus démocratiques des Etats du Sud exerçassent une influence fâcheuse sur l'autocratie prussienne, et que les catholiques, en majorité dans ces États, pussent déplacer l'axe confessionnelle de la monarchie des Hohenzollern. C'est même pour ce dernier motif qu'après la défaite de l'Autriche, en 1866, le ministre prussien ne voulut pas entendre parler d'annexions territoriales qui eussent incorporé des populations catholiques à l'empire dont le royaume protestant du Nord avait pris la direction.

Il avait d'ailleurs l'orgueil de la barbarie de ses amis les hobereaux, le chancelier de fer. C'est lui qui un jour fit à M. de Gontault-Biron, ambassadeur de France à Berlin, la remarque plaisante que voici :

« Que voulez-vous? Monsieur l'Ambassadeur, vous avez été civilisés dix siècles avant nous et, cette avance-là, nous n'avons jamais pu la rattraper ».

Or, il eût pu faire la même remarque et il l'avait certainement faite, à part lui, à propos des provinces prussiennes de l'Ouest et des États allemands du Sud. Il ne tenait, en tout cas, nullement à ce que les Sudistes fussent à même d'exercer une influence directe sur la politique intérieure de la Prusse. Sous son gouvernement, comme sous celui de ses deux successeurs immédiats, la Prusse fut donc la plus particulariste des pays confédérés.

C'est qu'elle avait à sauvegarder, contre la « contagion » démocratique du Sud, des institutions réactionnaires à l'excès. Je ne m'attarderai pas à faire devant vous l'analyse de la Constitution prussienne. Qu'il me suffise de vous donner une idée de la genèse de son parlement. Celui-ci est composé de deux Chambres : la Chambre des seigneurs, dont une moitié des membres est nommée par le roi, l'autre moitié composée de membres de droit, princes médiatisés ou autres dignitaires et représentants des grandes villes, et la Chambre basse (*Landtag*) élue à un mode de suffrage que Bismarck, sans d'ailleurs y renoncer, avait qualifié du « plus misérable de tous ». Voici, en effet, comment sont élus les députés prussiens. On additionne les impôts directs payés par les contribuables d'une province. Ce total est divisé exactement par trois, ce qui donne les trois curies d'électeurs, celle des plus imposés, celle des contribuables moyens, celle de ceux qui ne payent qu'un minimum de 5 marks d'impôts. Chacune de ces classes, réunie en curie spéciale, a le droit d'élire un nombre égal de députés, de telle manière que dans la plus élevée le nombre des électeurs primaires est souvent réduit à une douzaine, tandis que dans la troisième ils sont 50 à 60.000 et même davantage.

Ce n'est pas tout. L'élection est à deux degrés. Les électeurs primaires déposent dans l'urne les listes des délégués. Ce sont ces délégués qui nomment les députés. Enfin, dernière restriction à la liberté du vote, aux deux degrés les suffrages se donnent à bulletins ouverts. Que, dans ces conditions, les conservateurs, qui forment dans le collège électoral une infime minorité, détiennent la majorité des mandats au parlement, il n'y a pas lieu d'en marquer la moindre surprise.

Si nous faisons abstraction du Mecklembourg, où les parlements locaux se composent exclusivements de grands dignitaires, et de la Saxe, où le système censitaire s'est maintenu avec de légères modifications, presque tous les autres Etats ont adopté un mode plus ou moins large de suffrage universel pour les élections de leurs secondes Chambres.

Nous verrons tout à l'heure pourquoi la Prusse devait suivre une ligne de conduite plus réactionnaire. Qu'il me suffise pour l'instant de constater qu'elle fut d'abord délibérément particulariste pour sauvegarder les institutions rétrogrades qui assuraient chez elle la domination d'une caste et auxquelles elle attribuait sa rapide et étonnante fortune.

Si les premiers chanceliers de l'empire respectèrent l'autonomie des États, ils s'appliquèrent par contre, dès la première heure, à créer dans toute l'Allemagne un patriotisme collectif qui auparavant était inexistant. De cette absence de patriotisme unifié, s'il m'est permis de m'exprimer de la sorte, chacun d'entre vous pourra découvrir un vestige éclatant.

Interrogez n'importe quel prisonnier de guerre. Demandez-lui à quelle nationalité il appartient. Jamais il ne vous répondra : « Je suis Allemand »; mais il vous dira : « Je suis Prussien, ou Bavarois, ou Badois, ou Saxon ». Il ne connaît, en effet, que sa petite patrie, et il sait qu'il n'est Allemand que parce que cette petite patrie appartient à la confédération germanique. Il a donc une nationalité à deux étages. Autrefois il ne connaissait et ne voulait connaître que celle de l'étage inférieur.

La Prusse, tout en restant elle-même, se donna pour mission, après la guerre franco-allemande de 1870, d'accentuer la note commune et d'effacer la conscience nationale des autres groupes étatiques sous les traits toujours plus accentués de l'impérialisme.

La tâche était ardue. Pour la mener à bonne fin, on s'adressa aux intellectuels et ceux-ci, pénétrés de la grandeur de leur mission, s'en acquittèrent avec cette méthode qui constitue leur seule supériorité.

Le phénomène est assez curieux à constater. Tandis que, dans tous les pays latins, slaves et anglo-saxons, les intellectuels, individualistes et indépendants, cherchaient à affranchir la pensée humaine des vieilles formules, les professeurs allemands, avant tout soucieux d'établir leur domination sur les esprits par la contrainte, formulaient cette théorie monstrueuse de la race seigneuriale, du pur Aryen (et ce pur Aryen c'est, paraît-il, le Germain), marqué par le Destin pour asservir l'univers sous son joug pesant.

On a fait remarquer à juste titre que les Allemands n'avaient pas même découvert la doctrine loufoque du pangermanisme; mais qu'ils l'avaient tirée des écrits, falsifiés comme de juste, du bordelais Gobineau. En France, Gobineau est peu connu. En Allemagne, on lui a tressé d'immortelles couronnes. Je me souviens que, il y a quelques années, le gouvernement strasbourgeois proposa au parlement d'Alsace-Lorraine d'ouvrir un crédit de 10.000 marks pour l'achat de quelques manuscrits insignifiants de l'anthropologiste français qu'on avait retrouvés à Fribourg. A la séance de commission, où le sous-secrétaire d'État Mandel soutint le projet avec chaleur, mon collègue, M. Blumenthal, mit le ministère en minorité avec cette simple boutade :

« Gobineau, qu'est-ce que c'est que cela? »

Or, Gobineau avait bien affirmé la supériorité de la race aryenne ou blanche sur les races noire et jaune; mais jamais il ne lui était venu à l'idée de proclamer, comme l'ont fait les savants allemands, que seuls les peuples de race germanique avaient conservé, pur de tout mélange, le type aryen. Bien au contraire, dans son *Essai sur l'inégalité des races humaines,* il nous montra l'Italie, la France, l'Alsace et la Lorraine comme des foyers de civilisation, tandis qu'en Allemagne la décadence racique était, d'après lui, très visible.

Comment les philosophes et les historiens d'Outre-Rhin en sont-ils venus à nous présenter le Germain, aux yeux bleus et aux cheveux blonds, comme le type le plus parfait de l'humanité?

Cette singulière affirmation est, chez eux, d'autant plus surprenante, qu'en Allemagne les hommes blonds se font de plus en plus rares, et que presque tous les grands hommes dont l'empire de proie s'enorgueillit furent ou sont bruns ou châtains, depuis Bismarck jusqu'à Bethmann-Hollweg. Guillaume II n'est pas blond. Par contre, son fils aîné l'est outrageusement. Si le kronprinz représente le prototype de l'humanité parfaite, nous consentons volontiers à n'appartenir qu'à une race inférieure.

Toujours est-il que les universitaires allemands ont échafaudé sur les théories mal comprises de Gobineau tout le système de la race seigneuriale qui, seule, doit posséder les droits politiques, tandis que les aryens dégénérés, placés au même niveau que les noirs et les jaunes, sont, par prédestination physique, condamnés à devenir les serviteurs, les esclaves du peuple-roi.

A ce propos rappelons une des plus amusantes fantaisies des « savants » allemands. Comme les pays latins s'enorgueillissent à bon droit d'avoir produit quelques génies incomparables, les professeurs à lunettes d'or se sont hâtés d'annexer ces illustrations, et dans de pesantes études ils ont essayé de nous démontrer que Raphaël comme Michel-Ange, Jeanne d'Arc comme Napoléon Ier étaient d'origine germanique. Un de ces ridicules historiens n'a-t-il pas poussé la fantaisie, cette fois blasphématoire, jusqu'à prétendre que le Christ lui-même était Germain. Attendons-nous à voir paraître prochainement des études documentées où les Allemands revendiqueront comme leurs compatriotes Moyse et Sésostris, Alexandre et César.

On s'est trop longtemps imaginé à l'étranger que la doctrine du pangermanisme, à cause même de son apparente sottise, n'avait pas réussi à s'infiltrer dans les masses prolétariennes. Ce fut une grande erreur. Professée d'abord dans les Universités, elle ne tarda pas à se répandre dans les écoles populaires. Les journaux conservateurs l'adoptèrent ouvertement. Dans les feuilles démocratiques, elle perdit sans doute son caractère abstrait; mais elle reparut sous une forme plus dangereuse. En effet, tous ces organes de publicité mettaient un égal empressement à entretenir journellement leurs lecteurs de l'honnêteté allemande, de l'application allemande, de l'esprit allemand, du courage allemand. Toutes les vertus devenaient, dans leurs colonnes, spécifiquement allemandes. Et cette affirmation, qui revenait sans cesse sous la plume des rédacteurs comme dans les tirades des orateurs de réunions publiques, comportait du même coup la négation de ces qualités natives chez les rivaux de l'Allemagne. Elle était exclusive. Pour le lecteur comme pour l'auditeur des apologistes de la plus grande Allemagne, dire que la vertu était allemande, c'était établir du même coup que les autres races en étaient nécessairement dépourvues.

Voilà comment l'agitation systématique du pangermanisme militant devait, en un temps relativement court (les vingt dernières années), arriver à provoquer dans le peuple allemand tout entier cette exaltation mystique qui contribua, pour une large part, à créer le patriotisme collectif qu'autrefois il ignorait.

Au parlement de Strasbourg, M. Mandel prononça un jour, en réponse à un discours protestataire de M. Laugel, une harangue où la vertu allemande reparaissait à chaque phrase. Je lui répliquai, à la grande joie de mes collègues : « Vous finirez par nous dégoûter du ciel lui-même si, comme vous le prétendez, tout doit y être peinturluré aux couleurs de l'empire ». Et j'ajoutai : « Vous oubliez, Monsieur le Sous-Secrétaire d'État, que nos ancêtres savaient déjà se servir de la fourchette et du couteau quand les vôtres grimpaient encore sur les arbres de la forêt pour y chercher leur maigre pitance ».

Je ne pensais pas alors si bien dire. Depuis lors, les événements ont prouvé que de fait les Allemands prétendent annexer le ciel lui-même. Les évêques de Strasbourg et de Metz n'ont-ils pas, sous la pression des autorités militaires, expurgé les bréviaires de leurs diocèses de tous les saints français?

On aurait tort, en effet, de s'imaginer que les pangermanistes dussent trouver de l'opposition dans les cercles religieux. Bon nombre de pasteurs protestants et de prêtres catholiques rivalisèrent avec eux pour faire pénétrer, dans les esprits les plus humbles, l'orgueil d'appartenir au peuple-roi. Ces ministres du Christ étaient bien obligés de reconnaître et de critiquer la corruption croissante des mœurs en Allemagne, mais ils avaient trouvé à cette corruption une explication extravagante. Si l'Allemand d'aujourd'hui est jouisseur et vicieux, c'est l'importation des mœurs étrangères qui l'a fait déchoir.

Pour vous prouver que je n'exagère en rien, je vais vous donner lecture du passage le plus caractéristique d'un sermon prononcé par Mgr de Keppler et qui a été édité chez Herder, à Fribourg en Brisgau, et répandu à des milliers d'exemplaires dans tout l'empire. Le prélat allemand fait parler les soldats morts pour la patrie :

« Prenez la patrie au sérieux! Nous l'avons fait jusqu'à en saigner. Nous sommes morts pour elle; pour elle, vous devrez vivre. Vivre, cela veut dire travailler, agir, souffrir, ne penser qu'à sa prospérité, l'aimer d'un amour agissant. Cela veut dire encore employer toutes ses énergies pour que les bonnes manières allemandes, héritage précieux des ancêtres, soient conservées, pour que l'activité allemande, l'honnêteté allemande, la piété allemande et la fidélité allemande ne disparaissent pas, que la dignité de la femme, la sainteté du mariage ne soient pas diminuées. De nouveau, la guerre a, dans son effroyant verdict, condamné les criminelles tentatives faites pour corrompre la nature allemande par les manières et les modes françaises (*welsch,* dans le texte allemand), par l'importation d'une littérature étrangère empoisonnée, par une singerie, dépourvue de dignité, de folies artistiques venues du dehors. Nous avons contribué (ce sont toujours les « héros » de Belgique et du Nord de la France qui parlent) à délivrer l'Allemagne de cette peste; ce sera votre sainte mission et votre religieux devoir de l'écarter à l'avenir. Les plus grandes victoires ne peuvent pas maintenir la santé de la nation, qui ne reste pas fidèle à elle-même, qui échange ce qu'elle a de meilleur contre les valeurs trompeuses ou mauvaises de l'étranger. Employez donc votre police de santé et de pureté à nettoyer les librairies, les devantures, les scènes de théâtres. Balayez avec des balais de fer les planches des théâtres; c'est là qu'à plusieurs pieds de haut s'accumule la maudite importation du dehors. Ne permettez plus que le poison passe la frontière. Chassez du pays les littérateurs, les artistes, les journalistes qui, avec l'argent allemand, salissaient l'âme allemande, détruisaient les mœurs allemandes, empestaient l'Allemagne... Il faut d'abord que le caractère allemand se guérisse jusqu'aux moelles et qu'il repousse tous les venins de l'incurable exotisme. Alors, seulement, le caractère allemand pourra sauver le monde... Malgré d'énormes pertes de sang, l'Allemagne et l'Autriche sortiront de la guerre plus saines et plus énergiques, plus sérieuses et plus mûries. Leurs peuples sont les peuples de l'avenir, *chargés par la Providence de la mission historique et mondiale de représenter la première puissance,* la puissance centrale de l'Europe, un asile de justice et de liberté, la solide citadelle contre laquelle viendront se briser toutes les tentatives criminelles faites pour troubler la paix et rallumer la torche de la guerre entre les peuples. Ils ont été choisis pour marcher à la tête des autres peuples et pour leur donner une kultur véritable dont les racines pénétreront profondément dans le sol du christianisme ».

Eh bien! qu'en dites-vous de ce sermon? Est-ce que nous n'y retrouvons pas toute la théorie de Class et d'Ostwald? et comme le joyeux écho du fameux manifeste des 93 intellectuels?

Tout de même Monseigneur de Keppler nous la baille belle, quand, après les ignominies commises par les troupes du kaiser, il nous parle de cette vertu allemande, de cette fidélité allemande à la parole donnée, de cette religiosité allemande, qui se sont accommodées de tant de crimes. Seraient-ce par hasard les littérateurs, les artistes et les publicistes étrangers qui ont appris aux vertueux Allemands à incendier les cathédrales, à massacrer les non-combattants et à violer les femmes? Le bon prélat exagère quand il nous présente ses incomparables compatriotes comme les victimes de la corruption françaises. Hélas! comme le savent et peuvent en témoigner tous ceux qui ont habité l'Allemagne et qui ont été à même d'établir des comparaisons entre les nations à vieille civilisation et le peuple de parvenus qui n'a emprunté aux premières que leurs débordements, les Allemands ont, dans la voie du vice, depuis longtemps brûlé toutes les étapes, et ont encore ajouté à leur corruption ou naturelle ou empruntée un caractère de grossièreté et de barbarie, dont leurs prétendus modèles ont toujours eu le bon goût de s'abstenir.

Il n'en était pas moins intéressant de constater que le mensonge allemand, l'hypocrisie nationale de la race de proie a si profondément pénétré l'âme allemande, que la chaire de vérité, cette chaire d'où seule doit tomber la parole de Dieu, est profanée par les folles tirades du pangermanisme, et qu'un prélat ne rougit pas de parler de la mission providentielle du peuple allemand, alors que fument encore les ruines de tant d'églises catholiques incendiées par ses compatriotes et que le sang de tant de prêtres et de religieuses, versé lâchement par les barbares, n'a pas encore été vengé.

Voici maintenant des extraits de sermons prononcés par quelques pasteurs protestants.

Le professeur Reinold Selserg, de la Faculté de théologie de Berlin, déclare :

« Nous ne haïssons pas nos ennemis. Nous suivons le commandement de Dieu qui nous enjoint de les aimer. Mais nous considérons *que nous faisons œuvre d'amour* en les tuant, en les faisant souffrir, en brûlant leurs maisons, en envahissant leur territoire. L'amour divin est répandu dans le monde, mais les hommes doivent souffrir pour leur salut. Les maîtres aiment leurs élèves ; mais ils les châtient. L'Allemagne, elle aussi, aime les autres nations, mais elle les châtie pour leur bien ».

Le pasteur de la cour Philipp : « L'humanité doit être sauvée par le sang, par le feu et par l'épée. Les guerriers allemands ne versent pas d'un cœur joyeux le sang des autres nations : c'est pour eux un devoir sacré qu'ils ne sauraient négliger sans commettre un péché. C'est à cause de notre pureté que nous avons été choisis par le Tout-Puissant pour frapper de l'épée les peuples pécheurs. La mission divine de l'Allemagne, mes frères, est de sacrifier l'humanité. Par suite, le devoir des soldats allemands est de frapper impitoyablement : ils doivent tuer, ils doivent brûler, ils doivent détruire. Des demi mesures seraient impies, ce doit être une guerre sans pitié.

» L'Allemagne a pour tâche divine d'accomplir la destruction de ceux qui personnifient le mal ».

Le pasteur Lœbel de Leipzig : « Nous devons combattre les méchants par tous les moyens possibles : leurs souffrances doivent nous être agréables, leurs cris de douleur ne doivent pas émouvoir les sourdes oreilles allemandes. Il ne peut y avoir de compromis avec l'enfer, de pitié pour les serviteurs de Satan, en d'autres termes, pas de quartier pour les Anglais, les Français, les Russes et pour tous les peuples qui se sont donnés au diable, qui ont été en conséquence condamnés à périr par une sentence divine ».

Après cela il ne reste plus qu'à tirer l'échelle. Si les églises et les temples doivent servir à la propagation de doctrines aussi monstrueuses, c'est donc que le vrai christianisme, la religion de Celui qui devait associer tous les hommes à la Rédemption, a cessé d'exister en Allemagne.

Les pangermanistes surent d'ailleurs tirer, des prémisses qu'ils avaient posées, des conclusions pratiques encore plus conformes aux goûts rapaces de la foule. Dans leurs écrits, surtout dans le catéchisme pangermaniste, cet étrange opuscule, où toute leur doctrine est formulée en demandes et en réponses, ils énuméraient les territoires qui, parce qu'ils avaient été occupés et colonisés autrefois par des Germains, feraient tôt ou tard retour à la plus grande Allemagne : Flandres et Hollande, Bourgogne et Champagne, provinces de la Baltique, Bohême, Trans et Cisleithanie, Tyrol et Carinthie.

J'ai lu un article où un docte professeur établissait que, la Gaule ayant été conquise par les Francs, d'origine germanique, toute la France revenait de droit à l'empire allemand. Bien mieux, quand, il y a quelques années, surgirent les incidents du Maroc, l'avocat Class, président de la Ligue pangermaniste, publia une brochure qui eut un grand retentissement : *West Marokko deutsch?* (Le Maroc de l'Ouest est-il allemand)? Or, dans cet écrit, où tout était extravagant, on trouvait, présenté avec le plus imperturbable sérieux, l'argument que voici : « Les Berbères de l'Atlas ont les cheveux blonds et les yeux bleus. Ils sont, dès lors, de toute évidence, les descendants des Visigoths, qui d'Espagne descendirent sur les côtes africaines. Or, les Allemands sont les héritiers directs des races germaniques. Donc, par droit de race, le Maroc, habité par les Berbères, doit revenir à l'empire allemand ».

Allez donc répondre à des fous, d'ailleurs parfaitement conscients, qui, pour excuser leur politique de rapine, recoururent à des arguments aussi extraordinaires. Nous rions bien maintenant de ces fantaisies, mais nous avons failli en mourir, ne l'oublions pas. Encore, à l'heure actuelle, c'est avec les songes creux du pangermanisme que les officiers allemands soutiennent le courage chancelant de leurs hommes.

L'Allemagne, jadis mosaïque d'États, est donc devenue, lentement, mais sûrement, sous la direction de la Prusse, un pays, sinon entièrement unifié, du moins grisé par le même orgueil et brûlant des mêmes convoitises. En associant les autres nationalités germaniques à ses folles ambitions, la Prusse a intoxiqué l'âme de toute la confédération. Et puis, débordant ses frontières, elle a réussi à atteler à son char les Allemands d'Autriche. Bien avant la grande guerre, les étudiants de Vienne acclamaient le Hohenzollern à la barbe du Habsbourg et chantaient dans les rues de la capitale autrichienne la *Wacht am Rhein* et le *Deutschland über alles*. Si, depuis près d'un demi-siècle, les hommes d'État de la monarchie dualiste ont opprimé, avec tant de violence et d'esprit de suite, la majorité slave de leur empire, c'est parce qu'ils acceptaient, sans le discuter, le mot 'ordre venu de Berlin.

Ceux qui n'ont pas assisté au développement progressif du pangermanisme, ne pourront jamais se rendre compte des ravages qu'il a exercés dans l'âme allemande. Nous autres, Alsaciens-Lorrains, qui voyions chaque jour grandir la morgue de nos oppresseurs, nous étions nous-mêmes surpris des effets prodigieux de cette propagande savamment organisée : « Ne parle jamais qu'allemand, disaient quotidiennement les apôtres de l'Allemagne au-dessus de tout; n'achète que des marchandises allemandes, affirme partout ta foi dans les destinées glorieuses du peuple allemand ». Et chose curieuse, l'Allemagne, de plus en plus, se confondait avec la Prusse. *Preussen-Deutschland!* La Prusse-Allemagne, telle était la dernière formule imaginée par les pangermanistes, et dont l'emploi se généralisait, même dans les États du Sud, auparavant les plus réfractaires à cette seconde et définitive annexion.

Dans les écoles populaires, l'histoire de la Prusse se substituait de plus en plus à celle des États. On y montrait comment, partis de rien, les anciens électeurs de Brandebourg, grâce à leur politique d'astuce et de violence, glorifiée comme le plein épanouissement des qualités de la race, étaient arrivés, en moins de deux siècles, à occuper le premier trône du monde. Devant les gloires de la dynastie prussienne, le faible éclat des autres maisons princières disparaissait. Et les petits princes n'essayaient même plus, au cours des dernières années, de réagir contre cet accaparement. Le roi Louis de Bavière avait jadis, comme prince royal, prononcé à Saint-Pétersbourg un discours particulariste, qui eut un retentissement considérable. Il est actuellement le vassal le plus dévot de Guillaume II.

Exalter l'âme allemande, en lui présentant la race germanique comme le prototype de la perfection ; promettre à cette race choisie la domination universelle sur les peuples ou barbares ou dégénérés ; forcer les Sudistes, moins guerriers, à adopter la discipline des hommes du Nord ; réveiller l'orgueil national chez les émigrants et les grouper en sociétés patriotiques dans les pays étrangers, telle fut donc la tâche que s'imposèrent les pangermanistes et les partisans du militarisme prussien. Il faut bien l'avouer, avec la complicité du prince de Bulow, le plus souple, mais aussi le plus dangereux des hommes d'État allemands, les apôtres de la plus grande Allemagne étaient presque arrivés à leur but, quand ils provoquèrent la guerre abominable qui, à l'heure actuelle, dépeuple l'Europe.

Ils ont donc raison, les ministres des puissances alliées, quand ils proclament que leurs pays ne déposeront pas les armes tant que le militarisme prussien ne sera pas complètement abattu.

Que signifie ce mot d'ordre? Quelle est sa portée et que faudra-t-il faire pour le réaliser? C'est ce qui nous reste à examiner.

L'empire allemand, tel qu'il existe à l'heure présente, ne peut pas en appeler au droit historique pour justifier son droit à la vie. Nous l'avons vu, les États qui le composent et qui tous ont conservé une autonomie assez large, se sont épuisés en querelles nationales et dynastiques, au cours des derniers siècles. Les Hohenzollern ne sont arrivés à ceindre la couronne impériale qu'en asservissant par les armes les autres groupements nationaux de l'Allemagne. On ne saurait donc pas davantage invoquer le droit des nationalités pour sanctionner à nouveau la domination prussienne sur les États germaniques du Sud.

Sans doute, la solidarité, que des guerres récentes ont établie entre les peuples allemands, créé une certaine unité nationale, sans doute les bénéfices réalisés en commun par la Prusse et ses complices ont fortifié cette union ; mais l'empire n'en demeure pas moins une formation étatique purement artificielle, dont on chercherait vainement la justification dans le passé et que des crimes, commis en commun, ne sauraient rendre légitime.

La fusion des différents groupes nationaux allemands est d'ailleurs encore imparfaite, comme je le constatais tout à l'heure. La volonté de former un pays unifié et, dès lors, formidablement outillé pour la lutte avec les autres nations, disparaîtra naturellement au lendemain de la défaite. N'oublions pas que, si les Sudistes et même les Rhénans ont consenti à se soumettre à la discipline prussienne, c'est surtout parce qu'ils espéraient pouvoir tirer de ce vasselage des avantages matériels considérables. Du jour où ils comprendront qu'à partager plus longtemps les destinées de l'État de proie, ils compromettraient leur propre prospérité, ils seront les premiers à exiger que se rétablisse entre la Prusse et leurs pays la coupure d'autrefois. Le succès seul pouvait maintenir et fortifier encore l'unité allemande. Un échec sérieux provoquera tout naturellement la dissociation d'éléments qui furent toujours profondément dissemblables.

Déjà, dans la presse allemande, nous trouvons l'écho des vieilles rivalités. Les Bavarois, dont les contingents ont été particulièrement décimés, ne se gênent plus pour déclarer que leurs troupes sont toujours employées pour les attaques les plus meurtrières et que les Prussiens n'arrivent sur la ligne de feu que pour cueillir les lauriers au moment où la victoire se dessine. Mêmes plaintes dans les journaux saxons. Quant aux reproches amers qu'échangent les Allemands et les Autrichiens, ces « soldats en pantoufles », comme on les appelle couramment à Berlin, il est bien inutile d'y insister. L'ivresse des faciles triomphes avait fait taire les anciennes querelles; l'amertume des dures privations et des défaites prochaines les fait déjà et les fera encore davantage revivre. La nécessité de réparer en commun les ruines accumulées par la guerre leur rendra toute leur âpreté d'autrefois.

Croyez-moi, les États allemands du Sud, si la victoire des alliés est complète, demanderont, exigeront eux-mêmes que l'empire germanique cesse d'exister, c'est-à-dire qu'on les délivre de l'hégémonie prussienne.

Mais la Prusse elle-même, comment supportera-t-elle la grande crise?

Je vais vous soutenir une théorie qui vous surprendra, mais qui, je l'espère, trouvera sa confirmation dans des événements futurs et prochains. De tous les États allemands, la Prusse battue sera la mieux préparée à une révolution intérieure.

Si dans les petits États les dynasties sont très populaires, l'autorité des Hohenzollern s'appuie exclusivement sur la caste des hobereaux de l'Elbe, de ces nobliaux terriens qui, depuis des siècles, se font payer en privilèges l'appui qu'ils donnent à la couronne. Ces personnages encombrants occupent toutes les avenues du pouvoir. Toutes les hautes fonctions administratives, tous les hauts grades de l'armée leur sont réservés.

Und der König absolut,
Wenn er unsern Willen tut !

« Que le roi soit absolu, mais seulement s'il se soumet à notre volonté ». Telle est la devise des conservateurs prussiens. De fait, nul parti ne sait organiser de résistance plus féroce contre le souverain quand celui-ci s'avise de faire la moindre concession à la démocratie. Quand on parle en Allemagne de M. de Heydebrandt, le président de l'extrême droite, au Reichstag et au Landtag prussien, on le désigne toujours sous le nom de « roi non couronné » et ce n'est pas un mot vide de sens.

En vain le centre, les démocrates, les socialistes, qui en Prusse comptent parmi leurs électeurs les cinq sixièmes de la population, exigent, depuis des années, que la loi constitutionnelle soit modifiée et qu'on soumette les pratiques administratives à une refonte. Le veto des hobereaux suffit pour empêcher toute réforme.

Or, dans le grand royaume du Nord, il s'est formé, au cours du siècle dernier, une forte, une puissante bourgeoisie, industriels et commerçants, artisans et ingénieurs, qui détiennent toute la fortune publique. Les fils de ces bourgeois ont fréquenté les universités. Ils ont donc l'instruction et l'argent, tout ce qui devrait leur permettre d'exercer une influence sérieuse sur les affaires de l'État et d'accéder aux fonctions publiques. Cela leur est impossible dans la Prusse moyenageuse où les privilégiés leur barrent partout la route.

Je ne m'attarderai pas à parler de la grande masse prolétarienne. Celle-ci est en ce moment affolée, comme le reste de la nation, par les perspectives de la domination universelle; mais, au lendemain d'une défaite, qui fera s'évanouir son rêve mégalomane et rendra plus dures les conditions du travail, elle sera prête à seconder vigoureusement l'effort de la bourgeoisie.

Or, on l'a souvent fait remarquer, ce n'est pas le peuple, mais la classe moyenne qui prépare et fait les révolutions. Le prolétaire suit le mouvement, il ne le déclanche pas.

La Prusse se trouve donc dans les conditions les plus favorables pour bouleverser ses institutions nationales. Une bourgeoisie intelligente et disposant de puissants bataillons populaires pourra profiter, et profitera certainement, si on sait l'y encourager et l'y aider, de la faillite du conservatisme, pour se débarrasser de la tutelle du militarisme dynastique. Elle voudra instaurer dans son pays un régime démocratique pour se venger d'humiliations séculaires. Après une victoire, elle eût été contrainte de subir encore la domination de ceux qui se fussent glorifiés d'avoir doté l'Allemagne de nouveaux territoires. La défaite lui donnera la volonté et la possibilité de secouer un joug odieux.

Le succès du militarisme prussien eût consolidé la situation des hobereaux. Sa faillite marquera la fin de leur règne. Qu'on pousse donc les Prussiens à donner à leur pays des institutions républicaines, et la paix du monde sera pour longtemps, peut-être pour toujours assurée.

Nous nous battons, en fait, non pas contre une nation (bien que cette nation ait été complètement empoisonnée par les folles théories du pangermanisme), mais contre une caste, qui a su imposer son étroite mentalité aux autres classes de la société allemande. Que le hobereau prussien cesse de dominer l'Allemagne, et le danger disparaîtra. Ce n'est point par tempérament que l'Allemand, surtout celui des provinces du Rhin et des États du Sud, est devenu la brute sanguinaire, qui fait l'horreur du monde : c'est par un entraînement méthodique qu'on l'a amené à ce degré d'abjection. En le délivrant de ses pédagogues, on lui rendra ses mœurs plus simples et plus humaines d'autrefois.

Les pangermanistes le reconnaissent eux-mêmes. Quand ils veulent exalter leurs propres mérites, ils relèvent surtout leur talent d'organisation, c'est-à-dire d'encadrement, de mécanisation des masses populaires. Ils savent qu'ils doivent leurs succès autant à la passivité des foules allemandes, qu'à leur propre audace et à l'excellence de leurs méthodes.

L'organisation prussienne en Allemagne n'a pas été, en effet, autre chose que l'imposition à un peuple, autrefois amorphe, de la pensée rigide des hommes du Nord. Et cet enseignement impérieux a donné les résultats attendus. Dès les premières heures de la guerre, nous avons vu les Sudistes égaler les Prussiens en cruauté. Que voulez-vous? Ces brutes inconscientes, dirigées par des chefs parfaitement renseignés sur les intentions de l'état-major, appliquaient automatiquement les théories des professeurs à lunettes d'or, et des grands écrivains militaires.

Est-ce que le peuple suprême avait des ménagements à garder vis-à-vis des races inférieures, dont il savait qu'elles deviendraient ses esclaves?

Est-ce que les massacres, les incendies et les pillages ne devaient pas, comme Bernhardi l'a si souvent répété dans ses ouvrages, inspirer la terreur et hâter la conclusion d'une paix avantageuse?

Est-ce que, pour épargner une goutte du sang précieux de la Germanie, on n'était pas en droit de verser des torrents de ce sang russe ou français, qui est sans valeur?

Il faut en prendre son parti : l'Allemagne est actuellement atteinte d'une folie collective. Toutes les classes de la société ont été pénétrées du venin pangermaniste. Et cette intoxication que les bulletins de guerre de l'état-major général et les premières victoires, avec les monstrueuses espérances qu'elles ont fait naître, n'ont pu rendre que plus dangereuse, continuera à s'affirmer, grandira, se développera, même après la guerre, si celle-ci ne se termine pas, suivant la formule consacrée, par la disparition du militarisme prussien, c'est-à-dire par la fin de l'emprise de la Prusse sur les autres États confédérés.

Ne nous y trompons pas, en effet : une paix prématurée, qui laisserait subsister l'empire de proie, ne serait qu'une trêve.

Les Allemands l'avouent eux-mêmes. Leurs écrivains militaires et leurs grand journaux annoncent déjà qu'immédiatement après la signature de la paix, il faudra reprendre la politique des armements pour préparer les conflits futurs. Et leur calcul avoué est bien établi. Voici comment ils raisonnent :

« Dans les pays démocratiques, on en viendra fatalement, après l'effort formidable qui a été réalisé, à procéder au désarmement. Que si même la France, l'Angleterre et la Russie devaient maintenir leurs armées permanentes, le moment viendrait certainement où les alliés actuels cesseraient de s'entendre et où on pourrait profiter de leurs dissentiments pour les battre l'un après l'autre. De toutes façons, l'Allemagne et l'Autriche resserreront les liens qui les rattachent l'une à l'autre, et bientôt la Prusse imposera son esprit et ses méthodes à la monarchie dualiste, devenue sa vassale.

Or, dans les empires centraux, les générations les plus fortes, les plus nombreuses, sont celles qui n'étaient pas encore en âge de porter les armes pendant la guerre actuelle. Dans dix-sept ans, l'Allemagne et l'Autriche pourront mobiliser ensemble 26 millions de combattants, et qui donc pourra encore résister à la poussée d'une armée aussi formidable? »

Les complices du coup manqué de 1914-1916 consentiront donc à signer n'importe quelle paix boiteuse, pourvu qu'on ne touche pas à leurs institutions étatiques actuelles et qu'on leur permette de préparer les conquêtes définitives de l'avenir.

Ah! que ne m'est-il donné de crier sur tous les toits, qu'il faut, si nous voulons épargner à nos neveux les horreurs d'une nouvelle guerre et les humiliations de la domination teutonne, abattre complètement la Prusse barbare, accapareuse, insatiable dans ses ambitions, dépourvue de tout scrupule humanitaire.

Les puissances alliées ont été les victimes d'une agression inqualifiable. Le sang de leurs nationaux a rougi d'immenses champs de bataille, des centaines de mille de familles ont été privées de leurs soutiens, les villes les plus riches, les villages les plus prospères ont été détruits, la misère règne dans les champs désolés de la Belgique, du Nord de la France, de la Pologne, de l'héroïque Serbie. De partout s'élèvent les gémissements des blessés, les lamentations des évacués. Tous ces carnages, toutes ces ruines sont l'œuvre de quelques fous furieux qui, dans leur prodigieux orgueil, ont voulu asservir l'univers.

Et nous ferions grâce aux bourreaux de l'humanité ! Et, au dernier moment, par respect pour des principes que nos ennemis ont été les premiers à fouler aux pieds, nous permettrions au monstre de reprendre haleine, de réparer ses blessures et de menacer à nouveau la prospérité, l'existence même de ses vainqueurs ?

Ils sortiraient de leurs tombes, ils tendraient vers nous pour nous maudire leurs os brisés, les millions de morts glorieux qui dorment leur dernier sommeil dans les champs de carnage, si, par nos faiblesses, nous rendions leur sacrifice inutile. « Ah ! nous diraient-ils, si nous avons versé notre sang, le sourire aux lèvres et la flamme de l'espoir dans les yeux, c'était pour épargner à nos jeunes frères, à nos enfants ce que nous avons dû nous-même subir. Honte à vous, qui nous avez trahis, en ne tirant pas de notre mort tout ce qu'elle devait donner : la paix durable, la sécurité absolue, définitive des jeunes générations, la grandeur et la richesse de la Patrie ».

Voilà ce que nous crieraient nos héros. Et ils auraient mille fois raison. La Prusse doit être abattue. Si elle ne l'est pas, si on lui permet de continuer à intoxiquer la pensée allemande, si on tolère qu'elle reprenne sur les races germaniques son action dominatrice, c'est en vain que tant de jeunes existences auront été fauchées, tant de richesses gaspillées. A quoi bon alors prolonger une lutte épouvantable qui ne ferait que remettre de quelques années la réalisation des plans d'annexion de l'empire de proie ?

Après Charleroi, quand les troupes de von Klück avançaient à marches forcées sur Paris, tous les Français ont senti courir, le long de leur échine, le frisson de la mort. Il s'en est fallu de quelques heures, et la destinée du monde aurait été pour toujours changée. La bataille de la Marne, celle de Verdun ont écarté pour l'heure le danger. Mais ce danger renaîtra demain, si, fatigués avant l'heure, les alliés s'arrêtent à mi-chemin. Les criminels auteurs de la guerre savent maintenant que leur entreprise est manquée, mais ils escomptent d'avance la générosité de leurs ennemis.

Auraient-ils, eux, montré le moindre respect pour les nationalités, si le sort des armes leur avait été favorable? En feraient-ils preuve à l'avenir, si, par notre sotte confiance, nous leur permettions de reprendre leur rêve de domination universelle ?

Non! dès lors, il ne nous reste plus qu'à désarmer, qu'à briser pour tous les temps, ceux qui ont commis, qui veulent encore commettre le plus abominable attentat contre la liberté des individus et l'indépendance des peuples. Pangermanisme et militarisme prussiens doivent disparaître. Ils ne disparaîtront que si l'empire, fondé à Versailles, sous les murs de Paris affamé, cesse d'exister, c'est-à-dire, si l'Allemagne est affranchie de l'hégémonie prussienne.

L'après-guerre

Mesdames, Messieurs,

La guerre, dans laquelle onze puissances sont engagées et qui a mis en présence vingt millions de combattants se battant, les uns pour assurer aux empires tentaculaires du centre de l'Europe l'hégémonie mondiale, les autrés pour sauver l'indépendance de leurs pays et affirmer le droit à la vie des nationalités les plus humbles, n'a pas d'équivalent dans toutes les rencontres sanglantes dont l'humanité gardait jusqu'ici l'effarant souvenir.

Quand, grâce à l'incomparable vaillance de nos soldats, la cause du droit aura triomphé, il restera encore à prévenir tout retour des effroyables hécatombes auxquelles nous assistons, et il sera également nécessaire de tirer de la victoire tous les avantages matériels qu'en toute justice elle doit nous assurer.

Les nations alliées ont réalisé un formidable effort pour échapper à leur asservissement politique et commercial. Demain, elles devront faire preuve d'une énergie encore plus grande et plus soutenue pour échapper définitivement à l'emprise économique des vampires de Berlin.

*
* *

Ce serait porter de l'eau à la mer et des hiboux à Athènes que de vouloir encore démontrer que l'Allemagne a provoqué la guerre actuelle après l'avoir longuement et savamment préparée.

Les augmentations successives de ses effectifs de paix en 1911, 1912 et 1913, qui firent passer l'active de 700.000 à 900.000 hommes, les appels constants de réservistes pour des périodes prolongées d'instruction, le vote par le parlement du million d'impôt de guerre, le régime de plus en plus dictatorial imposé aux nationalités opprimées de l'empire, la diffusion méthodique des théories pangermanistes dans les universités, les collèges, les écoles primaires, les sociétés de vétérans, l'éclat donné aux fêtes commémoratives du centenaire de 1813, les incidents constamment soulevés par une diplomatie brouillonne, autant d'indices qui ne laissaient aucun doute sur les intentions agressives des annexeurs professionnels de la Prusse.

Ceux qui prenaient la peine de suivre de près la politique impériale savaient d'ailleurs que l'Allemagne ne pouvait plus ajourner la réalisation de ses ambitions démesurées.

Les budgets additionnés de l'empire et des États (et il faut toujours procéder à cette opération pour obtenir l'équivalent du budget unifié de la France) avaient dépassé le chiffre extravagant de 11 milliards de marks, plus de 13 milliards de francs. Leurs dettes consolidées dépassaient 21 milliards, leur dette flottante 7 milliards et demi de francs.

Les derniers emprunts n'avaient été que péniblement couverts. Le Reichstag se refusait délibérément à voter de nouveaux impôts indirects, et il ne pouvait toucher aux impôts directs sans compromettre l'équilibre budgétaire des États qui ne cessaient de protester contre l'accaparement par l'empire de leurs ressources particulières.

Le contribuable allemand, dont le revenu est estimé à 375 marks, payait en moyenne (abstraction faite du rendement des monopoles de l'État) 71 marks d'impôts, auxquels il fallait ajouter 36 marks de pfennigs additionnels prélevés par les communes en dehors des taxes locales. Vous avouerez qu'il était difficile de dépasser cette mesure.

Pour couvrir les frais immédiats de la dernière augmentation des effectifs, on avait recouru au subterfuge d'un impôt extraordinaire sur la fortune acquise et, pour faire face aux dépenses courantes, au vote d'un impôt triennal sur les accroissements de fortune. Or, devant les protestations indignées des contribuables, dont les charges étaient déjà écrasantes, on s'était vu contraint à répartir la perception du premier impôt sur trois exercices. Quant au second, il ne devait être prélevé pour la première fois qu'en 1916. Néanmoins, les formidables dépenses avaient été engagées immédiatement.

L'Allemagne se trouvait donc, par sa propre faute, acculée au dilemme suivant : désarmement partiel ou banqueroute. Une guerre heureuse pouvait seule la tirer d'embarras en lui permettant de frapper les vaincus d'énormes contributions.

Cette guerre, on ne saurait trop le répéter, n'était pas seulement voulue par un gouvernement aux abois, elle était encore souhaitée par les industriels et les commerçants allemands.

L'esprit d'entreprise excessif de ces derniers avait eu pour conséquence une surproduction et une mévente qui devenaient de jour en jour plus alarmantes. Coûte que coûte, il fallait étendre les frontières entre lesquelles on étouffait, il fallait surtout briser la concurrence étrangère en imposant aux nations rivales des traités de commerce draconiens.

Là encore la faillite menaçait l'empire si, dans le plus bref délai, les vaincus ne payaient pas de leur ruine le relèvement financier de la plus grande Allemagne.

Voilà pourquoi la guerre était inévitable. D'après les prévisions de l'état-major prussien et des pangermanistes, elle devait être courte et marquée par des victoires foudroyantes. Les bandits berlinois n'avaient prévu ni la bataille de la Marne, ni celle de l'Yser, ni celle de Verdun. Leur mépris pour l'armée russe n'égalait que leur dédain pour la « misérable petite armée anglaise ». Ils escomptaient l'intervention tardive, mais favorable de l'Italie, et la collaboration de 300 millions de musulmans. Leur calcul fut heureusement déjoué.

A l'heure actuelle, bien qu'ils détiennent encore des gages territoriaux considérables, ils ne comptent plus sur le complet succès de leur entreprise ; mais ils espèrent encore en tirer des avantages précieux, en attendant des jours meilleurs.

* * *

Voyons d'abord rapidement comment ils auraient exploité leur triomphe. Nous avons, pour en juger, en dehors de toutes les manifestations annexionnistes du Reichstag et de la presse (et elles sont innombrables), un document dont la valeur est exceptionnelle. C'est le mémoire qu'en mai 1915 adressèrent au chancelier les sept grandes ligues allemandes d'agriculteurs, d'industriels et de commerçants allemands, c'est-à-dire toutes les associations de producteurs.

Les signataires protestent d'abord contre toute paix prématurée, qui pourrait priver l'Allemagne des fruits de ses victoires. Puis ils demandent que la Belgique soit, « au point de vue monétaire, financier et postal, soumise à la législation de l'empire et que ses chemins de fer et voies fluviales soient étroitement liés aux réseaux allemands ». Ils exigent encore l'annexion à l'Allemagne du bassin de Briey, de Verdun, de Belfort, des contreforts occidentaux des Vosges, des provinces occidentales de la Russie. Revendications territoriales modestes quand on les compare à celles qui se sont depuis lors affirmées. Mais c'est surtout la suite du mémoire qui est intéressante. Nous y lisons en effet : « On organisera le gouvernement et l'administration de telles manières que les habitants ne pourront acquérir aucune influence sur les destinées politiques de l'empire allemand... Tous les moyens de puissance économique existant dans les territoires annexés, y compris la propriété moyenne et la grande propriété, passeront en des mains allemandes. La France et la Russie indemniseront les propriétaires et les recueilleront ».

La lecture de ce factum monstrueux ne m'a nullement surpris. Nous connaissions de vieille date, nous autres Alsaciens-Lorrains, les théories barbares des expropriateurs de la Pologne. Et puis que de fois Erzberger, le député du centre, dont le nom a été prononcé si souvent durant les derniers mois, ne m'avait-il pas dit : « Après la prochaine guerre, nous demanderons à la France vaincue une indemnité de 50 milliards, et nous dicterons un traité de commerce qui la paralysera complètement. Il faut que pendant un siècle elle ne puisse pas se relever de sa ruine ».

Depuis que ses armées sont immobilisées sur les deux fronts principaux, depuis surtout que la crise de ses finances et celle de son alimentation rapprochent l'heure de la catastrophe finale, l'Allemagne officielle ne semble plus élever les mêmes prétentions.

Ne nous y trompons pas cependant. Elle n'a pas renoncé à son rêve de domination universelle, elle en a simplement ajourné sa réalisation. Rappelons-nous la phrase caractéristique d'une lettre adressée, l'an dernier, par Guillaume II, à une haute personnalité de la Cour de Bavière : « Quand mon auguste grand-père assit l'empire sur ses bases actuelles, il n'eut pas la prétention de réaliser une œuvre définitive. L'empire est toujours susceptible d'accroissements. Ce qui ne peut pas se faire aujourd'hui, se fera plus tard ».

Nous retrouvons la même pensée dans foule de publications d'hommes politiques, de professeurs, d'économistes, parues en Allemagne durant les derniers mois. La guerre actuelle n'a pas donné ce qu'on en attendait immédiatement. Après la conclusion de la paix il faudra donc reprendre la politique d'armements à jets continus pour préparer les conquêtes de l'avenir.

Le peuple allemand est atteint dans toutes ses classes sociales d'une folie collective. On ne la guérira que si on arrache de ses mains l'instrument de domination dont il comptait et compte encore se servir pour soumettre l'univers à son exploitation méthodique, c'est-à-dire, si les alliés disloquent l'empire fondé à Versailles et auquel la Prusse hautaine et disciplinée avait imposé sa mentalité barbare.

Les Allemands établissent leurs calculs sur des bases solides. Si la guerre ne donne pas d'autres résultats appréciables, elle scellera du moins l'union complète entre l'empire allemand et l'Autriche-Hongrie sous le sceptre des Hohenzollern. L'Autriche avait été chassée de la confédération germanique par Bismarck, Bethmann-Hollweg l'y fera rentrer comme vassale. Déjà les deux pays ont jeté les bases d'une entente économique qui centralisera toutes leurs ressources agricoles et industrielles et qui préparera les voies à l'absorption politique de la monarchie dualiste par la Prusse. S'appuyant l'un sur l'autre, les deux puissants empires, avec une population globale de

120 millions d'habitants, défieront toutes les coalitions douanières que les alliés essayeront de former autour de leurs frontières communes. Comme *Le Temps* le faisait justement remarquer, le jour où ce bloc serait formé... nous serions, nos alliés et nous, les vaincus du lendemain, même si nous étions les vainqueurs de la veille !

Et le grand journal parisien ne parlait, en l'espèce, que de la puissance économique de ce formidable groupement national. Étant donné l'état d'esprit du peuple allemand, j'y découvre un autre danger. En 1930, les deux empires centraux seront à même de mobiliser 26 millions de combattants ; car leurs plus fortes générations n'ont pas pris part à la guerre présente. La France a une natalité limitée et presque déficitaire, tandis que, malgré un léger fléchissement, l'excédent annuel des naissances sur les décès dépasse encore le million en Allemagne. Comment pourrait-elle encore s'opposer à la ruée de ces armées innombrables ? Trouverait-elle d'ailleurs encore, à l'avenir, pour seconder son héroïque effort, la formidable coalition qui s'est formée en 1914 et en 1915 pour refouler l'envahisseur ?

La conclusion qui s'impose est toujours la même :

si nous ne voulons pas qu'un million d'hommes jeunes, l'espoir de la patrie, aient versé leur sang en pure perte, si nous sommes bien décidés à épargner aux générations futures les horreurs d'une guerre encore plus cruelle que celle-ci et les humiliations de la plus dure servitude, il faut à tout prix empêcher la fédération des empires centraux d'aboutir; bien mieux, il est nécessaire que l'hégémonie de la Prusse sur l'empire allemand soit définitivement écartée.

Vous me pardonnerez d'avoir formulé rapidement ces quelques aphorismes avant d'aborder le sujet que je me suis proposé de traiter ce soir devant vous. Je m'excuse encore d'avance de ne pouvoir qu'effleurer les problèmes multiples que je signalerai à votre attention et dont chacun demanderait, pour être traité à fond, un développement considérable. Encore ce tableau d'ensemble sera-t-il peut-être de quelque utilité, puisqu'il vous permettra d'embrasser d'un seul coup d'œil toute l'étendue de notre devoir d'après guerre.

* * *

Il ne suffit pas, en effet, de vaincre l'Allemagne sur les champs de bataille. Cette victoire serait stérile, si, demain, les Germains qui, avant 1914, avaient montré une si grande maîtrise dans l'art d'envahir sournoisement tous les pays producteurs de richesse et d'en canaliser les ressources à leur profit, reprenaient sur le marché mondial leur situation prépondérante, et si à leur esprit d'entreprise nous devions continuer d'opposer cette apathie, cette routine, cette dispersion de l'effort qui lui permirent et leur permettraient encore de nous ravir notre clientèle.

Le danger est plus grand que généralement on se l'imagine. Depuis vingt-trois mois, l'industrie allemande travaille activement, non seulement à fabriquer des canons et des munitions, mais encore à remplir ses magasins d'énormes stocks de marchandises qu'elle compte jeter sur le marché étranger, dès que ses frontières seront ouvertes. Avec cet esprit méthodique, qui est la caractéristique de la race de proie, les ingénieurs qui suivaient les armées du kaiser ont détruit ou déménagé la plus grande partie de l'outillage des établissements industriels de la Belgique et du nord de la France. Un publiciste bavarois a estimé, avec cet orgueil du pillard qui frise l'inconscience, à 7 milliards la valeur des matières premières et des produits manufacturés que les agents germaniques ont confisqués ou payés en bons, c'est-à-dire en chiffons de papier, dans les pays envahis.

Le calcul de ces voleurs de grand chemin est parfaitement établi. Même s'ils étaient obligés de réparer en argent leurs déprédations, leur industrie n'en aurait pas moins été à même, grâce à ces attentats contre le droit des gens, de préparer des réserves formidables d'articles manufacturés dont la vente permettra de faire affluer l'or étranger dans leurs coffres-forts et de relever le change allemand, immédiatement après la conclusion de la paix. Au moment où la bataille battait son plein sur tous les fronts et où les deux empires centraux faisaient appel à toutes leurs réserves en hommes, les commis-voyageurs allemands obtenaient des congés prolongés pour aller recueillir des commandes dans les pays neutres et préparer les campagnes d'après-guerre chez l'ennemi, tandis qu'en Amérique les courtiers allemands procédaient à des achats monstres avec, comme terme de livraison, le jour où le blocus franco-anglais prendra fin.

Tout est prévu. Les marchandises sont prêtes

et, comme la concurrence étrangère sera paralysée, leur écoulement sera facile et rapide. Si nous n'allons pas en Allemagne pour exercer notre droit de reprise sur l'outillage et sur les produits manufacturés volés par les Allemands, l'empire vaincu nous aura de nouveau distancés et battus sur le terrain économique, et toutes les tentatives que nous ferons plus tard pour le déloger ne donneront plus aucun résultat appréciable.

Sans doute les empires centraux auront à surmonter une crise financière de la plus haute gravité, mais nous-mêmes n'aurons-nous pas à subir, pendant de longues années, les dures conséquences de l'interminable conflit? et puis, nous est-il permis, après les expériences faites dans le passé, de supposer que la banque internationale s'abstiendra de soutenir de ses capitaux l'effort allemand, si celui-ci lui semble plus rémunérateur?

Sachons nous préserver et d'un optimiste béat et de scrupules que rien ne justifierait vis-à-vis d'un adversaire qui en est totalement dépourvu. La tâche que nous devons accomplir sera écrasante, et il faudra coordonner toutes les énergies nationales pour l'accomplir.

*
* *

Même si l'Allemagne est, comme je l'espère fermement, dépecée, même si elle est contrainte à payer une colossale indemnité de guerre, nous souffrirons encore pendant de nombreuses années de notre épuisement en capitaux et en hommes.

C'est la Belgique et le nord de la France qui ont porté tout le poids de la guerre. Combien de temps, combien d'argent ne faudra-t-il pas pour réparer les ruines qui y ont été accumulées par l'ennemi ?

Disposerons-nous de la main-d'œuvre et du personnel technique nécessaires pour ces travaux urgents si nous ne demandons pas au vaincu de nous les fournir? Usines dévastées, voies ferrées et travaux d'art détruits, canalisations mises hors d'usage, matériel saccagé, monuments rasés, voilà ce que nous trouverons dans les régions que les barbares ont systématiquement ravagées. Et ici se posera de nouveau la question si, en toute justice, nous n'avons pas le droit de récupérer, chez les criminels, les matériaux indispensables pour les prochaines restaurations.

La France aura perdu, quand la guerre sera

terminée, près d'un million d'hommes jeunes et vigoureux. On comptera plus de morts en Allemagne, mais n'oublions pas que, dans ce pays à puissante natalité, il y a 4 millions et demi de jeunes gens de 14 à 17 ans, tandis qu'en France nous en comptons 1.800.000 à peine. Si donc nous permettons à cette réserve de l'armée industrielle allemande de se reformer en bataillons serrés sous le commandement de la Prusse, nous serons de nouveau dépassés de plusieurs longueurs dans la course à la richesse.

Je ne mentionnerai que pour mémoire les difficultés qui surgiront du fait que la dette publique française aura augmenté d'au moins 60 milliards et que les pensions militaires représenteront un milliard de dépenses budgétaires annuelles.

La lutte économique, qui reprendra dès le lendemain de la signature de la paix, ardente, âpre, sans merci, sollicite donc toute notre attention.

*
* *

Serons-nous capables de l'aborder avec quelque chance de succès? Oui, si nous étudions bien les méthodes de nos adversaires d'hier et de demain, et si nous savons nous les approprier ou les neutraliser par des procédés plus judicieux.

Plus de cohésion dans les initiatives personnelles, une utilisation plus rationnelle des incomparables richesses du pays, une protection plus efficace de l'industrie et du commerce par les pouvoirs publics, une législation tenant largement compte des intérêts nationaux, voilà ce qui a fait la puissance de l'Allemagne, voilà ce qui rendra également à la France la place de choix qu'elle occupait jadis parmi les peuples producteurs. Une rapide excursion dans les différents domaines de l'activité publique me permettra de donner quelques précisions.

*
* *

L'industrie et le commerce de l'ennemi sont surtout redevables de leur prospérité à la banque de leur pays, qui fut audacieuse à l'excès. Bien que les valeurs allemandes ne fussent pas cotées aux bourses de Paris et de Londres, bien que la disette de capitaux se fit constamment et durement sentir de l'autre côté du Rhin, les banquiers germaniques ont toujours su largement alimenter les entreprises industrielles, anciennes et nouvelles qui, dans l'empire, ne pouvaient se créer ou se développer qu'en faisant les plus larges appels au crédit. Il en est peut-être résulté des enchevêtrements d'intérêts, qui, en cas de débâcle, entraîneront la ruine générale, et, à ce point de vue, la liquidation désastreuse de la *Trestner Bank*, avec la faillite consécutive de nombreuses maisons, en apparence solides et prospères, fut, il y a une vingtaine d'années, révélatrice du danger de combinaisons trop aventureuses.

Encore importe-t-il d'admirer l'ingéniosité des banquiers allemands, qui avaient su décupler leurs ressources en mettant sournoisement la main sur les établissements de crédit étrangers les plus solidement établis, en écoulant leur papier sur les marchés de Londres et de Paris par l'entremise de courtiers marrons, en souscrivant à des emprunts dont ils refilaient les titres à leurs correspondants parisiens, mais après s'être fait payer leurs concours apparent par des postes d'administrateurs dans les grandes sociétés des pays qu'ils voulaient placer sous leur tutelle économique.

Dans quelle mesure les Allemands ont-ils trouvé un soutien effectif chez les financiers de pays rivaux qui auraient dû leur opposer une fin de non-recevoir absolue? Nous ne le saurons qu'après la guerre, quand les banques suisses, italiennes, anglaises, qui servaient d'intermédiaires à ces louches, mais productives opérations, seront obligées de mettre de l'ordre dans leurs portefeuilles.

Je rappelerai seulement que, lors de l'incident de Casablanca, quand la menace d'un retrait des fonds étrangers, travaillant en opérations de report sur le marché de Berlin, sembla devoir être suivie d'effet, l'escompte allemand monta, dans les derniers jours de décembre et les premiers jours de janvier, à 9 p. 100, et qu'il retomba brusquement à 4 1/2, quand le danger parut conjuré.

Sera-t-il excessif d'inciter les banques françaises, quand l'heure aura sonné de réparer les dommages de la guerre et de préparer ce que M. Briand appelle si justement les « lendemains réparateurs », à soutenir plus efficacement l'industrie nationale, à ne plus se contenter de canaliser l'épargne dans des émissions de valeurs étrangères souvent peu sûres, à se considérer avant tout comme les bailleurs de fonds, je dirais presque comme les commanditaires de ceux qui veulent enrichir le pays par l'utilisation de toutes ses ressources et de toutes ses énergies?

Entre les témérités des hommes d'affaires de Berlin ou de Francfort et la prudence excessive de ceux de Paris, il y a une marge très large et il sera facile de trouver la formule qui, tout en assurant la sécurité de l'épargne, permettra aux industriels et aux commerçants de trouver dans les banques l'indispensable soutien.

Il était peut-être trop facile de trouver des capitaux en Allemagne. En France, l'entreprise était hérissée de trop de difficultés. La reprise de l'activité nationale ne sera cependant possible que si le crédit devient accessible à tous ceux qui pourront fournir à leurs créanciers des garanties raisonnables.

Le Reichstag avait, au cours des dernières années, sagement modifié la législation sur la bourse. La limitation des opérations à terme et la création du chèque postal contribuèrent, pour une large part, d'un côté à préserver de la ruine les spéculateurs inexpérimentés, de l'autre à faciliter les échanges et à dégorger le marché de l'argent.

Si l'empire a, depuis le début des hostilités, pu triompher, au moins en apparence, des pires embarras financiers, c'est surtout à la souplesse de ses institutions bancaires qu'il le doit.

Les producteurs allemands ne trouvaient pas seulement du crédit dans les banques. Quand des instituts privés, comme par exemple les caisses Reiffeisen, n'avançaient pas aux agriculteurs, aux artisans et aux petits commerçants les fonds nécessaires à la marche de leurs affaires, l'État lui-même intervenait en leur faveur par l'entremise de sociétés alimentées par le Trésor et contrôlées par des fonctionnaires.

Ce qu'il faut le plus admirer dans la politique financière de l'Allemagne, c'est que ce pays, qui était toujours à court de numéraire (on sait quel taux élevé ses banquiers payaient aux collègues étrangers qui faisaient des opérations de report sur le marché allemand), ait néanmoins réussi, à la barbe de nations beaucoup plus riches, à s'emparer des banques d'Italie, de Turquie, des États balkaniques, du Levant, de l'Amérique du Sud, comme aussi à placer les plus actifs de ses agents à la tête d'entreprises mondiales, comme, pour ne citer que celle-là, les chemins de fer orientaux.

Le banquier allemand n'était pas un individualiste, uniquement préoccupé d'assurer de forts dividendes à ses actionnaires; il pensait avant tout à étendre l'influence économique et politique de son pays, et il était assuré, quand il s'y appliquait, de l'appui sans réserve de son gouvernement.

L'influence française a-t-elle, par contre, toujours correspondu à l'étranger à l'importance des capitaux que nos banques y engageaient? L'industrie nationale a-t-elle régulièrement bénéficié des avances consenties aux autres nations par nos établissements de crédit? Je pose la question, sans essayer d'y répondre.

Les Allemands avaient le sentiment de la solidarité. Ce fut tout le secret de leur force. A nous de leur emprunter sur ce point leurs méthodes éprouvées.

*
*

Si maintenant nous passons au client de la banque allemande, que constatons-nous? Là encore l'effort est devenu de plus en plus collectif, et, pour cette raison, de plus en plus efficace.

J'ai dit, ailleurs, ce qu'était le *Central-Verband der deutschen Industriellen*, cette formidable association qui avait su grouper toutes les forces productives de l'empire pour les amener à leur maximum d'intensité. Je rappellerai seulement que le comité des industriels allemands centralisait tous les renseignements commerciaux du monde entier, comptait dans tous les pays étrangers des correspondants qui lui signalaient les nouvelles possibilités d'exportation, servait de régulateur à la production indigène, soutenait les fabricants momentanément embarrassés, exerçait une influence directe et considérable sur la législation, en fournissant au gouvernement et au Reichstag de précieuses statistiques, exerçait un contrôle constant sur l'activité des diplomates et des consuls de l'empire.

La loi allemande interdit la formation de trusts. Le Central Verband avait su néanmoins les faire revivre, plus larges, plus actifs et moins dangereux, puisqu'il les obligeait à tenir compte des industries dépendantes.

C'est à la direction imprimée à toute l'activité du pays par cette puissante association, que l'Allemagne doit d'avoir pu, malgré les difficultés croissantes des dernières années, augmenter sans cesse le chiffre de ses exportations.

Cette organisation a encore été élargie, il y a quelques semaines à peine, par la constitution d'une ligue des associations industrielles et économiques allemandes, à laquelle ont adhéré les sociétés d'ingénieurs, d'architectes, de chimistes, d'électriciens et de constructeurs navals.

Serait-il donc si malaisé de créer un groupement semblable en France, où des tentatives ont été faites, mais où mille considérations d'ordre politique ou personnel ont toujours empêché de ramasser en un faisceau unique toutes les bonnes volontés et toutes les compétences? Les fusils de chasse, que maniaient avec habileté, mais individuellement, nos industriels, ne sauraient tenir contre les canons de 420 de l'organisation allemande.

*
* *

Il est d'autres usages surannés auxquels les producteurs de France devront renoncer. On vivait trop ici sur sa vieille réputation, on attendait le client auquel on semblait souvent faire une faveur en acceptant sa commande. L'Allemand, lui, le cherchait, le poursuivait, l'obsédait de ses sollicitations. Trop longtemps la légende de la camelote allemande, soigneusement entretenue par les intéressés eux-mêmes, a poussé nos industriels à s'abandonner à une douce quiétude. Or, petit à petit, la camelote a fait place à des produits soignés, sortis des mains d'imitateurs appliqués, fabriquant par série et dès lors capables de livrer à des prix très bas.

Le fabricant allemand n'est pas inventif, mais il ne recule devant aucune dépense pour s'assurer l'exploitation des inventions des autres.

Prenons deux exemples frappants. La chimie est, ou du moins fut, une science exclusivement française. Or, la France est devenue tributaire de l'Allemagne pour les principaux produits chimiques et pharmaceutiques. Il en est de même pour les machines et les appareils d'éclairage électrique. Comment cette transposition a-t-elle pu s'opérer? Le voici. Les grands établissements d'Outre-Rhin ont pris à leur service des chimistes et des ingénieurs français, belges, américains, il leur ont assuré des traitements convenables, ont mis à leur disposition des laboratoires bien aménagés, leur ont ouvert des crédits illimités pour leurs expériences et les ont intéressés à l'exploitation de leurs découvertes. Quel est l'industriel français qui ait eu le courage d'engager toutes ces dépenses à fonds perdus pour réaliser un bénéfice aléatoire?

Or, les résultats sont là convainquants, tangibles. C'est la méthode allemande qui a triomphé de la routine, de la parcimonie françaises. Ayons le courage d'avouer que les succès de l'industrie germanique furent souvent mérités.

* * *

Je pourrais m'étendre à perte de vue sur ce sujet. Pour me limiter, je ne citerai que trois faits, dont j'ai eu personnellement connaissance. Un de mes collègues du Reichstag, fabricant de tapis, me fit un jour la déclaration suivante : « Malgré les droits de douane très élevés, dont mes articles sont frappés à leur entrée en France, je compte un nombre considérable de clients dans ce pays. Mes concurrents français et anglais offrent à la clientèle des produits qui sont remarquables, mais leur carte d'échantillons est invariable. C'est à prendre ou à laisser. Ils ne sortent pas des modèles qu'ils ont de tout temps fabriqués. Je présente également mes collections au client, mais, si celui-ci exige une modification dans le dessein ou la couleur, je m'empresse de faire droit à ses exigences et j'emporte la commande ».

Un industriel des Alpes m'écrivait dernièrement, après avoir lu un de mes articles : « J'avais l'intention d'utiliser une chute d'eau pour établir une turbine. Je m'adressai à trois maisons françaises et à une maison allemande. Les premières m'envoyèrent des catalogues et de vagues devis, dont je ne sus que faire. Par contre, ce fut un ingénieur allemand qui m'apporta en personne la réponse de sa maison. Il fit sur place un plan détaillé de l'installation projetée, établit les prix les plus bas et m'accorda de grandes facilités de paiement. Ai-je manqué de patriotisme en lui donnant ma commande »?

Un de mes amis avait inventé, il y a quelques années, un système de surchauffe pour machines à vapeur, qui donnait des économies de charbon de 25 à 40 p. 100. Il plaça ses appareils dans presque toutes les grandes fabriques allemandes. En France, il réussit péniblement à en installer deux ou trois. « A quoi bon toutes ces transformations de matériel? lui objectait-on. Nos vieilles machines suffisent à nos besoins et nous avons établi nos prix de production sur leur rendement actuel ».

Nous trouvions donc en Allemagne la préoccupation constante d'élargir par tous les moyens le cercle de la clientèle et d'améliorer sans répit l'outillage, tandis qu'en France l'industriel pensait souvent avant tout à transformer en rentes les bénéfices qui lui auraient permis de moderniser son entreprise et d'en augmenter le rendement. Mouvement d'un côté, ankylose de l'autre.

C'est ainsi que bon nombre d'industries, dans lesquelles la France avait jadis une incontestable maîtrise, ont passé entre les mains des Allemands plus débrouillards. Je citerai notamment, en dehors de la chimie et de l'électricité, les machines de précision, les jouets, la maroquinerie, la pelleterie, la bijouterie bon marché.

Les compagnies françaises de chemins de fer (nous l'avons appris, lors de l'affaire de Grafenstaden) achetaient une grande partie de leur matériel roulant, locomotives et wagons, en Allemagne. Nous nous éclairions tous avec des ampoules électriques fabriquées à Berlin. On ne trouvait que très difficilement en France des magnétos pour moteurs à benzine. La machinerie des sous-marins français (moteurs Diesel) sortait de fabriques allemandes.

Faut-il encore rappeler que même dans le

domaine du livre, où la suprématie française était jadis universellement reconnue, l'Allemagne était en train de nous battre à plate couture. Dans les écoles et les collèges de France, des éditions de nos classiques, sortant des imprimeries de Leipzig, avaient remplacé en partie les produits de la librairie française.

Un volume serait nécessaire pour cataloguer toutes les conquêtes de l'industrie allemande sur le marché français. La guerre actuelle, en nous privant d'une importation qui avait pris des proportions déconcertantes, a fait éclater heureusement à tous les yeux l'état de dépendance dans lequel nous nous trouvions vis-à-vis de nos ennemis, même pour les produits dont nous avions autrefois le monopole, comme, par exemple, pour l'article de Paris et l'art industriel.

Il a fallu, depuis le début des hostilités, recourir à de coûteuses improvisations ou acheter à des prix fabuleux des articles anglais ou américains pour faire face aux nécessités de la défense nationale, car les Allemands avaient réussi, là encore, à devenir nos fournisseurs habituels.

Et l'industrie hôtelière, qu'était-elle donc devenue en France, depuis une vingtaine d'années?

Presque tous les grands hôtels de Paris et de la Riviera, pour ne citer que ceux-là, n'étaient-ils pas tombés entre les mains des accapareurs germaniques, et leur personnel tout entier, depuis le directeur jusqu'au relaveur de vaisselle, ne venait-il pas du pays-vampire?

Resterons-nous après la victoire dans cet état d'infériorité et de servitude, ou saurons-nous faire l'effort qui dorénavant nous affranchira de concurrents audacieux? Si, ayant constaté nos faiblesses, nous ne nous appliquons pas à les corriger, l'Allemagne, même vaincue, reprendra dans le monde sa situation prépondérante.

* * *

J'insisterai sur un autre point. Le commerçant allemand connaît et apprécie les avantages de la réclame. Dans tous les pays du monde il avait créé des agences de publicité dont les journaux locaux étaient devenus tributaires. Parcourez la quatrième page d'un grand quotidien français d'avant la guerre. Les trois quarts des annonces y étaient accaparées par des maisons allemandes.

Le *Central-Verband* avait encore organisé ces

grandes agences de renseignements commerciaux qui, en Allemagne et à l'étranger, avaient réuni, comme les Schimmelpfeng de Paris, des dossiers sur la presque totalité des maisons indigènes et pouvaient à tout moment donner à leurs correspondants d'Outre-Rhin des indications précises sur leur solvabilité et l'importance de leurs affaires.

Voilà comment étaient, chaque jour, resserrées les mailles du filet dans lequel se débattaient, étouffaient nos commerçants et nos industriels.

*
* *

De plus, dans l'empire germanique lui-même, la clientèle indigène avait subi un entraînement savant. Voici les dix commandements du consommateur allemand, que périodiquement publiaient les journaux d'Outre-Rhin, et que les associations patriotiques et les instituteurs se chargeaient de faire pénétrer dans les esprits les plus simples :

« 1. Dans les dépenses les plus minimes, ne perds jamais de vue les intérêts de tes compatriotes et de ta patrie ;

» 2. N'oublie pas que, lorsque tu achètes un

produit d'un pays étranger, ne fût-ce que d'un pfennig, tu diminues d'autant la fortune de ta patrie ;

» 3. Ton argent ne doit profiter qu'à des marchands et à des ouvriers allemands ;

» 4. Ne profane pas la terre allemande, la maison allemande, l'atelier allemand par la présence et l'usage de machines ou d'outils étrangers ;

» 5. Ne laisse jamais servir sur ta table de la viande ou de la graisse étrangères, qui feraient tort à l'élevage allemand et, d'autre part, compromettraient ta santé, puisque les viandes étrangères n'ont pas été visitées par la police sanitaire allemande ;

» 6. Écris sur du papier allemand, avec une plume allemande et étanche ton encre avec du papier buvard allemand ;

» 7. Tu ne dois t'habiller qu'avec des étoffes allemandes et ne te coiffer qu'avec des chapeaux allemands ;

» 8. La farine allemande, les fruits allemands, la bière allemande donnent seuls la force allemande ;

» 9. Si tu n'aimes pas le café de malt allemand, bois du café provenant des colonies allemandes, et, de même, si toi ou les tiens préférez le chocolat, ou pour tes enfants le cacao, veille à ce que ce cacao ou ce chocolat soient des marchandises exclusivement allemandes;

» 10. Que les vantardises des étrangers ne te détournent jamais de ces sages préceptes, et demeure bien convaincu, quoi qu'on puisse dire, que les meilleurs produits, les seuls dignes d'un citoyen de la grande Allemagne, sont les produits allemands ».

Moquez-vous tant que vous voudrez de cette propagande systématique. Elle donnait pourtant des résultats merveilleux.

Aux touristes allemands, les ligues pangermanistes faisaient parvenir un *vade-mecum* où se trouvaient formulés impérativement des conseils tout aussi pratiques;

« Ne descends à l'étranger que dans des hôtels dont le personnel est allemand ou au moins germanisant;

» N'emploie jamais dans tes voyages que ta langue maternelle pour obliger les citoyens des autres nations à l'apprendre;

» Dans tous les magasins de l'étranger, demande, exige des marchandises de provenance allemande;

» Bois partout de la bière allemande et commande, dans les restaurants, des mets allemands ».

A ces conseils étaient adjointes des adresses de maisons recommandées.

Dans les dernières années s'était créée à Berlin, sous le patronage du *Central-Verband*, une société dont le but était de contrôler rigoureusement les commerçants de l'empire. Des voyageurs spéciaux parcouraient les villes allemandes, examinaient minutieusement les étalages des magasins, procédaient à de menus achats. Quelques jours plus tard, les commerçants visités de la sorte recevaient, le cas échéant, une lettre à entête solennel, où ils lisaient avec stupéfaction : « Nous avons appris que vous mettez en vente tel produit de fabrication française ou anglaise. Or, vous ne pouvez pas ignorer que la maison allemande X... vous offrirait la même marchandise dans des conditions plus avantageuses. Si vous continuez à faire bénéficier l'étranger de vos commandes, nous nous verrons dans la pénible obligation de signaler à votre clientèle vos pratiques antipatriotiques ». J'ai lu plusieurs de ces lettres comminatoires et j'en ai même publié, avec les commentaires appropriés, dans mon *Nouvelliste d'Alsace-Lorraine*.

Si à cela vous ajoutez la mobilisation par les pangermanistes militants des 20 millions d'émigrants allemands, dont, grâce aux efforts combinés du gouvernement et des ligues, on avait réussi à faire les commis voyageurs, autant que les agents politiques, de la plus grande Allemagne à l'étranger, vous comprendrez sans doute l'extension prodigieuse de l'exportation allemande.

Voilà les concurrents féroces contre lesquels l'industrie et le commerce de France avaient à lutter. La conférence économique qui s'est réunie ces jours derniers, à Paris, a-t-elle trouvé les moyens efficaces de neutraliser la propagande germanique? Je le souhaite et je l'espère. Encore les Français feront-ils bien de compter avant tout sur eux-mêmes. En effet, des fissures ne se produiront-elles pas, après quelques années, dans le bloc antiallemand? N'avons-nous pas vu, même pendant la guerre, des belligérants alimenter en vivres et en coton l'Allemagne ennemie et en recevoir en échange de la houille, des machines et d'autres produits manufacturés? Et les neutres n'ont-ils pas démarqué des marchandises allemandes pour les écouler sur notre propre marché?

*
* *

Dans la bataille économique contre l'Allemagne, les initiatives privées ne sauraient d'ailleurs suffire. L'appui des pouvoirs publics est et restera indispensable.

Dieu me garde de soutenir la théorie de l'Etat providence. Les intéressés devront, avant tout, par une forte organisation, pourvoir eux-mêmes à leur défense. Mais il est des tranchées profondes que le gouvernement et les chambres seuls peuvent creuser le long de la frontière. En voici la rapide esquisse :

L'Allemagne avait l'intention avouée d'imposer aux nations vaincues des traités de commerce qui eussent complètement paralysé l'action de leur industrie. Ne sera-t-il pas de bonne guerre de s'en souvenir, quand les puissances alliées dicteront leurs conditions de paix aux empires centraux ?

De plus, ne sera-t-il pas utile de consentir aux États du Nord et du Sud de l'Allemagne des traitements différents, afin d'élever entre les deux groupes une barrière douanière qui empêchera tout rapprochement politique?

Les consuls allemands sont avant tout des

agents commerciaux. Choisis avec méthode, ayant reçu une formation professionnelle soignée, ils se mettent à la disposition des producteurs de leurs pays pour leur fournir des statistiques, leur signaler les affaires avantageuses, placer des correspondants actifs dans les établissements étrangers, faire, en un mot, partout et toujours acte de propagande commerciale allemande. Comparez ces commis voyageurs officiels aux consuls d'autres nations, qui souvent se confinent dans leur attributions protocolaires, et étonnez-vous que l'Allemagne remporte tant et de si grands succès sur ses concurrents étrangers.

Quant aux ambassadeurs et ministres de l'empire, n'ont-ils pas, en toutes circonstances, essayé d'obtenir de profitables concessions à leurs nationaux, exercé une pression puissante sur les gouvernements auprès desquels ils étaient accrédités, pour accaparer les conseils d'administration des grandes sociétés d'exploitation et confier la direction des armées à des instructeurs allemands, fait dépendre leur consentement à un emprunt d'une commande importante assurée à une maison allemande? Eux aussi, d'ordre du chancelier, étaient avant tout des agents commerciaux.

A noter en passant que la dislocation de l'empire aurait pour conséquence immédiate de désorganiser complètement sa représentation consulaire qui, se morcelant, deviendrait beaucoup moins dangereuse.

*
* *

Sans insister, faute de temps, sur ce problème si intéressant, je vous rappellerai que, par ses primes d'exportation, ses tarifs différentiels, ses subventions aux sociétés de navigation, comme aussi par l'extension de son réseau de chemins de fer et de canaux, l'empire soutenait puissamment son commerce extérieur.

Parmi les moyens qu'il employait pour y arriver, il en était de malhonnêtes, qu'on devra faire disparaître dans les traités à intervenir.

*
* *

Si maintenant nous passons à la législation intérieure, l'exemple de l'Allemagne nous indiquera encore le moyen de la battre sur le terrain économique.

Il y a un demi-siècle, l'empire n'avait presque

pas d'ingénieurs, d'artisans et d'ouvriers expérimentés. Il a su en créer des légions par le développement prodigieux de son enseignement professionnel. Pourquoi ne le suivrions-nous pas dans cette voie? La France possède déjà des écoles techniques remarquables, mais peu nombreuses et insuffisamment fréquentées. Il y a là une transformation complète à réaliser pour rattraper l'avance de nos ennemis.

Je ne m'attarderai pas à signaler l'envahissement de l'enseignement officiel par les méthodes allemandes. Il y a tout lieu de croire que, par patriotisme bien compris, les universitaires français seront les premiers à demander qu'on les affranchisse d'une tutelle qui menaçait de faire disparaître les qualités inventives des Latins pour les remplacer par la lourde et indigeste érudition syllabaire des Teutons.

J'insisterai par contre sur un autre point. Tout le monde sait, à cette heure, que les Allemands avaient réussi à se faufiler partout en France, dans les banques comme dans les sociétés industrielles ou minières et dans le grand commerce. Or, tandis que cet envahissement avait lieu, le gouvernement d'Alsace-Lorraine donnait la chasse, dans les provinces annexées, aux employés et aux capitaux d'origine française. Il défendait, par exemple, aux sociétés d'assurances françaises, d'exercer dans notre pays. Lors de l'affaire de Grafenstaden, un ministre prussien proclama à Berlin, en plein parlement, que le grand établissement métallurgique alsacien ne recevrait plus une seule commande de l'État tant que le personnel de l'usine ne serait pas allemand bon teint, et la *Gazette du Rhin et de Westphalie*, commentant cette déclaration officielle, écrivait : « Nous n'aurons ni cesse ni trêve qu'à Grafenstaden tout le personnel, depuis l'ingénieur en chef jusqu'au dernier manœuvre, ne soit allemand ».

Rappelons-nous encore le passage du mémoire des sept grandes associations de producteurs allemands, où il était suggéré au chancelier d'exproprier tous les Français et tous les Russes dans les territoires annexés.

Les sujets de l'empire n'auront donc pas le droit de se plaindre, si le législateur français leur interdit de faire dorénavant partie des conseils d'administration et de surveillance de nos sociétés et de posséder un nombre de parts suffisant pour imposer leur volonté dans les assemblées générales d'actionnaires.

Dans quelle mesure devra-t-on permettre à des Austro-Allemands d'être ou de rester propriétaires en France? Les Russes ont déjà fait table rase de ces indésirables et on ne saurait trop les en féliciter. De toute manière, quand l'Alsace-Lorraine sera redevenue française et que peut-être la frontière nouvelle s'étendra au delà du bassin de la Sarre, il sera inadmissible que des Allemands puissent encore disposer librement des incomparables richesses minières (houilles, fer et potasse) de ces territoires.

Ce n'est pas tout. L'Allemand isolé n'est pas redoutable. Son naturel exige un solide encadrement. On le sait à Berlin, et c'est pour ce motif que les pangermanistes avaient partout créé à l'étranger des associations charitables, sportives, scolaires, voire même politiques, où les déracinés d'origine germanique se sentaient les coudes et retrempaient leur patriotisme.

On a publié une liste, d'ailleurs incomplète, des nombreuses sociétés allemandes qui avaient poussé comme des champignons vénéneux sur le territoire de la République. Il faudra, coûte que coûte, que cette végétation empoisonnée disparaisse et il sera facile d'obtenir ce résultat, en modifiant, d'une façon appropriée, la loi sur les associations.

En Allemagne, la police des étrangers était extrêmement rigoureuse. Tous les logeurs, hôteliers, simples propriétaires étaient, sous les peines les plus sévères, obligés de faire la déclaration de leurs hôtes de passage. Pourquoi n'astreindrait-on pas, après la guerre, les Austro-Allemands à la formalité du permis de séjour, comme les Français y étaient astreints en Alsace-Lorraine, et, quand je parle des Austro-Allemands, je comprends dans cette catégorie de suspects les Germains récemment naturalisés dans des pays neutres. Enfin, pourquoi n'interdirait-on pas complètement l'entrée en France à tous les Allemands, tant que ne seront pas abolies la loi Delbrück et la loi de 1871 sur la nationalité allemande, qui sont une violation directe et absolue du droit international, puisqu'elles maintiennent dans la nationalité germanique ceux qui se sont fait naturaliser à l'étranger?

* * *

Toutes ces mesures de précaution ne sauraient être excessives vis-à-vis d'un adversaire comme l'Allemand, qui, dans sa lutte pour la domination universelle, s'est débarrassé de tous les scrupules d'humanité.

La France avait, depuis 1871, une mentalité de vaincue. Il faut qu'elle apprenne de nouveau à parler haut et ferme, quand son intérêt l'exige, que sa diplomatie devienne agissante, qu'elle fasse un emploi judicieux et partant plus légitimement égoïste de ses capitaux, que ses industriels se groupent en une vaste association professionnelle pour imposer l'excellence de leurs produits aux acheteurs étrangers, qu'elle s'affranchisse de toute dépendance économique des empires centraux ou de ce qui en restera, qu'elle reprenne, en un mot, dans le monde, la place privilégiée à laquelle lui donne droit son génie créateur.

La tâche est immense, mais, après la victoire complète, elle ne sera pas au-dessus de nos forces.

Plus d'ordre, plus de méthode se conjugant harmonieusement avec ces initiatives individuelles, auxquelles nous ne voulons pas renoncer, un gouvernement fort qui saura en tout lieu favoriser l'extension commerciale du pays, et faire partout respecter le nom français, une collaboration active des producteurs organisés avec le Parlement dans l'élaboration des lois sociales et économiques, voilà ce qui fera la France grande, riche, adulée.

Pas de phrases, pas de déclamations. Un programme d'action bien arrêté, une volonté de fer dans son exécution, et, dans quelques années, sur les ruines des empires de proie, se dressera glorieuse et enviée, la patrie gauloise, celle dont nos vaillants poilus ont déjà coiffé le chef d'une merveilleuse couronne de lauriers.

Nous devons à nos morts de faire fructifier leur sacrifice. Nous n'y manquerons pas.

35.951. — Bordeaux, Imprimerie Cadoret, 17, rue Poquelin-Molière.

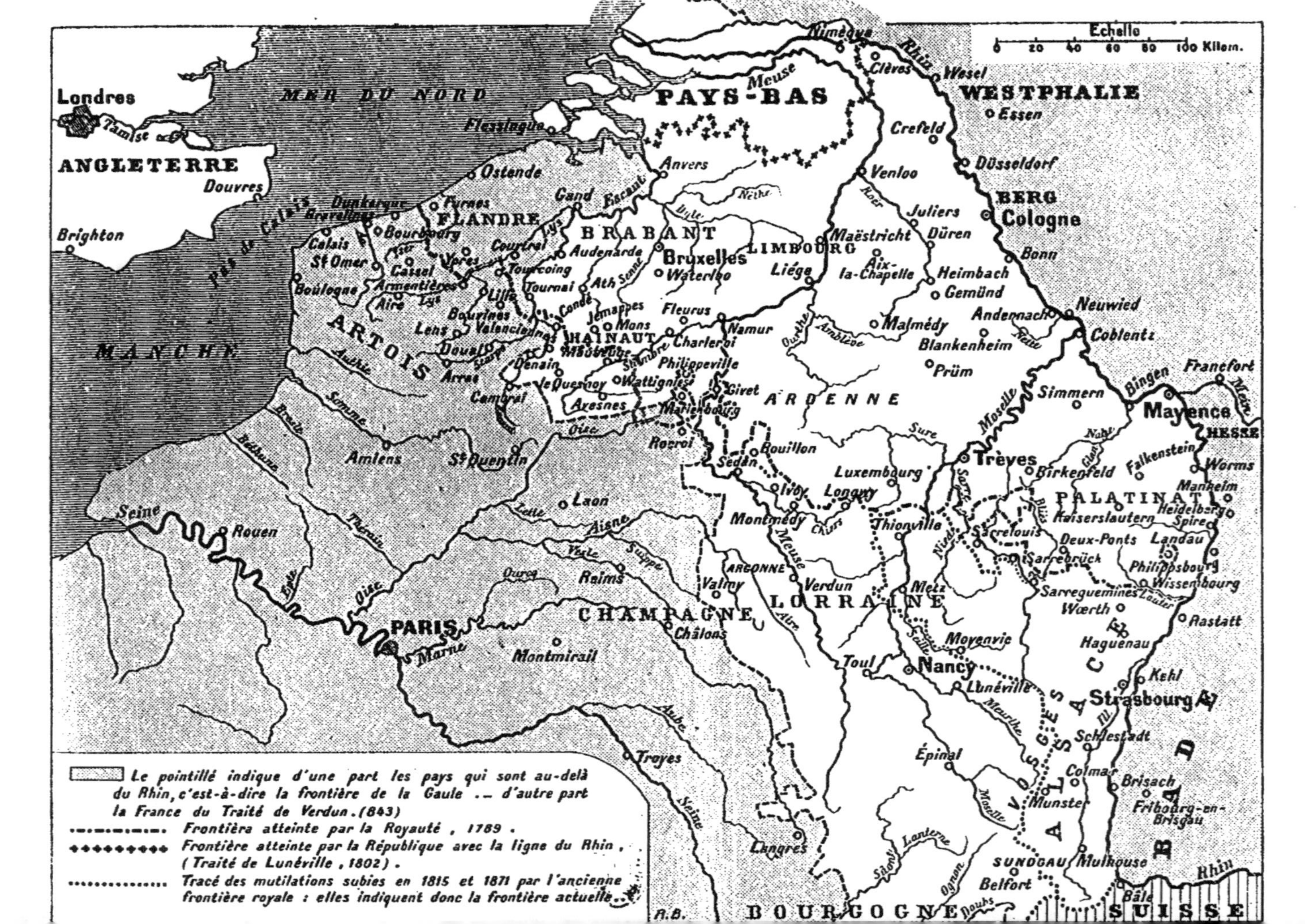
Echelle
0 20 40 60 80 100 Kilom.
Londres
Tamise
ANGLETERRE
Douvres
Brighton
MER DU NORD
Pas de Calais
MANCHE
Flessingue
PAYS-BAS
Meuse
Nimègue
Rhin
Clèves
Wesel
WESTPHALIE
Essen
Crefeld
Düsseldorf
BERG
Cologne
Bonn
Neuwied
Coblentz
Francfort
Mein
Bingen
Mayence
HESSE
Worms
Manheim
Heidelberg
Spire
Landau
Philippsbourg
Wissembourg
Lauter
Rastatt
Kehl
Strasbourg
BADE
Brisach
Fribourg-en-Brisgau
Rhin
Bâle
SUISSE
Mulhouse
SUNDGAU
Belfort
Doubs
BOURGOGNE
Ognon
Saône
Lanterne
Langres
Moselle
Munster
Colmar
Schlestadt
Ill
ALSACE
VOSGES
Haguenau
Wœrth
Sarreguemines
Sarrebrück
Deux-Ponts
Kaiserslautern
PALATINAT
Falkenstein
Birkenfeld
Glan
Nahe
Simmern
Trèves
Sarre
Blies
Sarrelouis
Nied
Thionville
Metz
Seille
Moyenvic
Nancy
Lunéville
Meurthe
Épinal
Toul
LORRAINE
Verdun
Meuse
ARGONNE
Valmy
Aire
Montmédy
Chiers
Longwy
Ivoy
Luxembourg
Sure
Sedan
Bouillon
ARDENNE
Rocroi
Givet
Mariembourg
Philippeville
Wattignies
Avesnes
Le Quesnoy
Maubeuge
Sambre
Charleroi
Namur
Fleurus
Waterloo
Bruxelles
BRABANT
LIMBOURG
Liége
Maëstricht
Aix-la-Chapelle
Juliers
Düren
Heimbach
Gemünd
Malmédy
Blankenheim
Prüm
Andernach
Nette
Ourthe
Amblève
Venloo
Roer
Anvers
Nèthe
Dyle
Escaut
Gand
Audenarde
Senne
Ath
Condé
Jemappes
Mons
HAINAUT
Tournai
Tourcoing
Courtrai
Lys
Lille
Bouvines
Valenciennes
Denain
Douai
Scarpe
Cambrai
Lens
Arras
ARTOIS
Aire
Armentières
Cassel
Ypres
Yser
Bourbourg
FLANDRE
Furnes
Dunkerque
Gravelines
Ostende
Calais
St Omer
Boulogne
Authie
Somme
Amiens
St Quentin
Oise
Bresle
Béthune
Seine
Rouen
Thérain
Epte
Laon
Lette
Aisne
Vesle
Suippe
Reims
Ourcq
PARIS
Marne
Montmirail
CHAMPAGNE
Châlons
Aube
Troyes
Seine
Le pointillé indique d'une part les pays qui sont au-delà du Rhin, c'est-à-dire la frontière de la Gaule .– d'autre part la France du Traité de Verdun. (843)
Frontière atteinte par la Royauté , 1789 .
Frontière atteinte par la République avec la ligne du Rhin , (Traité de Lunéville , 1802) .
Tracé des mutilations subies en 1815 et 1871 par l'ancienne frontière royale : elles indiquent donc la frontière actuelle.
A.B.

Petite Bibliothèque de la Ligue des Patriotes

I

La Ligue des Patriotes

Son Programme — Son Passé — Son Avenir

PAR

M. le Bâtonnier CHENU

Avec une Préface de

Maurice BARRÈS

DE L'ACADÉMIE FRANÇAISE

et des Extraits de discours de Paul DÉROULÈDE

1916. Un volume in-16........................ 2 fr. 50

III

Ce que l'Allemagne voulait
Ce que la France aura

Le minerai de Briey — La houille de la Sarre

Par M. Fernand ENGERAND

Député du Calvados

Avec une Introduction de

M. Gabriel HANOTAUX

de l'Académie française.

et une Préface de

M. Maurice BARRÈS

de l'Académie française.

1916. Un volume in-16........................ 2 francs.

35.978. — Bordeaux, imprimerie Cadoret, 17, rue Poquelin-Molière.

www.ingramcontent.com/pod-product-compliance
Lightning Source LLC
LaVergne TN
LVHW020354230826
846091LV00003B/1101

* 9 7 8 2 0 1 3 6 6 2 2 9 1 *